生气，也没关系

[韩] 李忠宪 著

宋佩芬 译

北方联合出版传媒(集团)股份有限公司

万卷出版公司

愤怒不代表负面情绪
将怒气用对地方就能无畏前进

目 录

亲爱的，别再被愤怒操纵了

当你愤怒时，
你的身体会发生什么

"内在小孩"掌控你的情绪，
也潜藏你的福祉

你有权表达愤怒，生气也没关系

你这么优秀，
别输在情绪上

驾驭愤怒，
成为改变生活的起点

我为什么无法调节愤怒呢？

生活中我们最常体验的情绪之一就是愤怒：也许是因为妻子的唠叨或丈夫的晚归，也许是因为事情不太顺利，我们总会忍不住生气。在职场上，与领导有摩擦，被同事出卖，也会让人感到愤怒。

在一些单位或医院遇到排队的长龙，我会感到不耐烦；如果柜台职员的接待态度不如预期，也有可能瞬间将我激怒。开车时，如果突然有一辆车插进来，我也会不知不觉地大骂脏话、血压飙升，变成暴怒的"浩克"。

有些人会忍不住将怒火喷发出来：或在大街上咆哮；或因为遭到恶意逼车而冲撞他人的车，进而下车争执大打出手；甚至有些人因为无法控制心中的熊熊怒火而自残。这些都说明，现在的我们正活在愤怒的社会当中。

每个人都有各式各样的消解情绪的方法，有人会喝酒解闷，有人会抽烟消愁，也有人会向无辜的家人发脾气，还有人认为忍乃上策，拼命忍着以至于最后得了心病。也有不少人认为累积怒气会得病，所以必须把愤怒发泄出来，这就是所谓的"净化作用论"。这种人认为在累积怒气之前必须先表达出来，解开心结，但是科学研究结果显示，这种理论并不正确。如果表现出愤怒的话，不但不会消减火气，反而会加速引爆怒火，并且降低自己生气的临界点，导致以后就连小事都容易暴怒。

越是生气，越是容易养成习惯。一个愤怒会生成另一个愤怒。生气不仅会影响自己的健康，最重要的是，还会毁了自己的人际关系。

我发出去的怒火，对方会直接收下，并再次向我发射。愤怒就像火一样，会麻痹对方的理性判断，麻痹理性的人。别说是道

生气，也没关系：
成年人体面生气指南

歉或发觉自己的错误，他们还会做出看起来很有攻击性的行为。怒火发泄出来无法解决问题，反而使人际关系陷入恶性循环。因此，发泄终究无法成为消除怒气的最佳解决办法。

许多人经常生气，却不清楚处理愤怒的方式；若想熄灭怒火，可以善用理性的大脑前额叶。用理性的力量安抚愤怒的情绪，再冷静沉着地向对方传达信息，可以避免情绪化地应对、解决问题。

人类为了生存进化和繁衍而选择与他人合作；如果想和他人合作，就必须先了解他人的心理，因此同理能力与镜像神经元等就变得很发达。培养同理心，锻炼前额叶，可以阻止愤怒的累积与爆发。如果人人如此，就能大幅减少令人生气的事情。

在艰辛的现实生活中，"治愈"一词曾像万灵丹一样流行了一阵子，但是治愈的时效非常短，因为人生不可能没有压力。问题并不在于压力，而在于如何接受压力；治愈只是逃离压力的方法之一。在讲求同理心的时代，一个人的幸福取决于如何与他人沟通。每个人都需要拥有解决人际关系的矛盾和良好沟通的技巧，为此最重要的就是要会调节愤怒。

神学家雷茵霍尔德·尼布尔（Reinhold Niebuhr）是这么祈祷的："神啊，请给我能接受无法改变事实的平常心，请给我能改变事物的勇气，以及区分其中差异的智慧。"

　　这世上，任何人都无法掌控周遭的一切，我们只能随着环境改变自己的态度。例如在职场上，当领导生气时，我们不能跟着吼回去，也不能正面冲突，一切都取决于自己的选择。不管领导再怎么激动，如何应对他的态度，则是我们的选择。生活不是随着发生什么事而做出决定，而是取决于一个人的态度，调节愤怒可以成为改变这一切的出发点。

　　如果能用大脑的前额叶来控制、调节怒火，就能提高情绪的控制能力，自信心也能一并上升。人际关系变好，就更能满足人类想被爱、被认同的欲望，让自己变得更幸福。调节愤怒可以说是提高生活品质和获得幸福的第一步。

李忠宪

生气，也没关系：
成年人体面生气指南

第 *1* 章

亲爱的，
别再被愤怒操纵了

我们误以为愤怒是一种很负面的情绪，所以急欲将其
驱逐于体外，径自宣泄，渴望以此获得内心的平静，
却不知道这样做反而使自己被愤怒吞噬、侵蚀。

每一种怒气都有一致的本质

愤怒是日常情绪之一

金英夏是韩国的一位知名作家，他的作品以展现都市生活及冷静刻画社会现象而闻名，他的代表作品之一长篇小说《听见你的声音》，讲述了在伊、东奎两名孤儿遭遇的故事：

在伊是十几岁的未婚妈妈在转运站厕所生下并丢弃的孩子，不被任何人疼爱的她一直在街头生活，最后成了一群和自己处境相似且离家出走的十几岁青少年的老大。小说中将离家出走的青少年的日常生活描写得很沉重，他们以暴力的方式将被抛弃的愤怒朝世界投掷回去。在伊每个周末都会带着这群人到处飙车、横行霸道，以对世界表达愤怒来突显自我的存在感。他们的愤怒是对世界的呐喊：

"我们感受到的是什么？是愤怒！没错，我们就是因为愤怒才飙车的！针对谁？就是针对这个世界。只有当我们制造很大的声音、砸毁广告牌、让交通瘫痪的时候，这个世界才会注意到我们！我们就是要让你们知道，我们很生气！怎么样？你想问难道我们不能好好说吗？不行！因为我们没办法说话，话语权是大人才有的！就是因为他们说的话才算数，所以才总是叫我们用对话沟通！……我们不想得到别人的理解。我们只想发泄愤怒，因为这个世界讨厌我们。"

雷蒙德·卡佛[1]是美国最有代表性的现代作家之一，其短篇小说集《大教堂》（*Cathedral*），收录了他在创作巅峰写下的小说，其中《一件很小很美的事》是一篇会令人心情沉重，却又能带来些许温暖的故事，故事的主人公是一对因突如其来的车祸而失去儿子的夫妇。

故事中，母亲安妮为儿子订了生日蛋糕，但儿子却在生日遭遇车祸，随即昏迷不醒。儿子被车撞成脑震荡，父母在医院熬了

---

[1] 雷蒙德·卡佛：Raymond Carver，被称为"美国的安东尼·契诃夫"，是爱伦·坡之后美国最棒的短篇小说作家。

好几晚，精神非常不好，甚至都忘为了庆祝儿子生日而定做的蛋糕。面包店老板以为这对夫妇是故意不来取蛋糕，于是不耐烦地频频打电话给他们。就在儿子离开世界的那天，夫妻俩正沉浸在悲痛中，又接到了面包店老板打来的电话。

当时已经快午夜12点了，夫妻俩刚忙完一些事情，电话铃声又响起了。

"你去接吧，霍华德！"安妮说着，"一定是那家伙。"

他们倒了杯咖啡，坐在厨房里的桌子边。霍华德还倒了一小杯威士忌放在自己的咖啡杯旁。当电话铃声第三次响起时，他接起了电话。

"喂！"霍华德很生气，"你是谁？喂！喂！"

对方没有说话，挂掉了电话。

"挂断了，不知道是谁。"霍华德说。

"是那个家伙！"安妮回道。"那个混蛋，我要杀了他！"她接着说，"我必须拿枪毙了他，然后看着他在挣扎中死去！"

夫妻俩来到蛋糕店，安妮推开门走了进去，霍华德跟在她后面。面包店老板看到他们的样子，吓得直往后退。

"你们要干什么？"面包店老板问，"你们是因为蛋糕吗？看来，你现在才需要蛋糕啊！你们还记得自己订了蛋糕吗？"

"你这么聪明还开什么面包店啊！"安妮说。她又对霍华德说："亲爱的,就是这家伙不断打电话给我们的!"接着,安妮握紧拳头,猛地朝老板挥去。她内心深处涌出的愤怒,让她感觉到自己比原本的自我以及在场的男性更加强大。

发泄愤怒的驾驶员

有一次我因为临时有事,急着要去济州岛出差,在乘坐出租车前往机场的路上,停在路边的一辆黑色轿车突然冲到了我坐的那辆出租车前。当时,司机急忙踩刹车,好不容易才刹住了车,避免了撞车。"吱——",伴随着车子的滑行发出了刺耳的刹车声,我们的车终于停在了几乎快碰到前车保险杆的位置。

"开车没有带眼睛啊!"对方是大约30岁的年轻男子,这名差点造成车祸的男性反而指着我们大骂,甚至对我们竖中指、骂脏话。

那一瞬间把我气到不行,几乎要失去理智了。在对方无理言语的攻击下,我气得浑身颤抖。很想跳下车,拿球棒砸毁对方的车子。不过,我深深吸了一口气,闭上了眼睛,同时不断说服出租车司机不要去理会那个人。没过多久,我就不那么激动了。在道路上气得跳脚的对方看我们没有任何反应,也就自行离去了。**尽管被人侮辱的心情不怎么好,但是这郁闷的情绪不到半天就**

全都消失了。

如果我直接面对该名驾驶员的言行攻击，并发泄我的怒气，会变成什么样呢？可能会演变成大吵，别说去出差了，说不准还要待在警察局里浪费时间。在行驶的过程中摇下车窗，吵到彼此脸红脖子粗，气氛激烈到好似双方马上要停下车打一架一样。如果开车的时候突然有车插进来，一般人真的会气到怒发冲冠。有些人平常不太容易发火，但只要一握方向盘，就会表现出易怒的个性。一坐上驾驶座就无法调节怒火，对其他车辆和行人也是一种安全威胁，我们称这种症状为"路怒症"（road rage），这在都市里很常见。

不久前，韩国发生了一起因插入别的车道失败而引爆怒火的"三节棍事件"，引起了社会的广泛关注。在高速公路上，一位30多岁的男性驾驶员在变更车道时，因为对方不让出车道而生气，于是挡住对方的车辆后，手持三节棍下了车。这位男性驾驶员不断破口大骂，并要求对方下车，对方吓到不敢乱动，他便用三节棍把对方的车窗玻璃砸碎了。据说，这位脾气火暴的男性驾驶员，其实也只是个平凡的上班族而已。

在高速公路上，有些人会突然变换车道，再下车找碴；或者故意急刹车，造成连环车祸导致他人死亡。也曾发生过有人因停车纠纷而持空气枪杀害一对新婚夫妇的事件。

生气，也没关系：
成年人体面生气指南

车是随着我们的意志、我们想要的方式而移动的，就像我们的身体一样可以自由自在地运行。当我们的车在运行中遭到妨碍时，我们会感觉到自己的自由受到了干涉。我们对于他人侵犯我们私人领域的行为总是相当敏感，而车也属于私人领域。我们可以在车里尽情欣赏喜欢的音乐、尽情欢唱，也可以梳妆，而不用在意别人。**一般情况下，驾驶员会认定车子行驶中的前方空间属于私人领域，因此当有人在没取得我们同意的情况下将车插进来，驾驶员会感觉私人领域遭到侵犯，并将对方视为入侵者，**于是愤怒也会本能地涌上心头。

问题是我们该不该发泄出怒火呢？即使生气，只要3秒内看不到对方有任何反应的话，怒火就会慢慢减弱；但是能拥有3秒从容感的人并不多。都市里到处都有生气的驾驶员在泄愤，可见让他们喘口气不是件容易的事。

无法控制愤怒的人

不只是行车纠纷，上班族每天在公司要面对不少无法调整愤怒情绪的人，**其中大部分还是他们的领导。**

那是个星期一的早上，因为周末有个重要的记者座谈会，所以累积了一堆要做的事情……老板在午餐时间有一场采访，罗海庆主任从一大早就在准备可能的提问和回答，忙得不可开交。而隔天公司内部还要举办一个小活动，罗主任刚完成采访问答，正准备歇一下喘口气，就接到了部长打来的电话。

"罗主任，明天活动的企划案提交了吗？"

"啊，部长，因为您没有回复我，所以我还没有提交企划案。"

四天前，罗主任已将活动的企划草案发给了部长。她原本计划收到部长的回复后再呈交企划案，可是部长却没有任何回复。罗主任以为部长太忙了，所以她打算今天下午再提醒他。

"罗主任你疯了吗？活动就在明天，你现在还没提交企划案？真是连工作的基本规矩都不懂！"部长大发雷霆，"你周末玩疯了吗？罗主任，你马上写检讨，连同企划案一起放到我的桌上！这次我绝不会放过你，你给我等着！"部长的声音渐渐变高，甚至语带威胁。

在罗海庆之前待过的公司里，企划案只不过是走个形式，甚至还可以在活动结束后再提交企划案。可是这家公司不一样，必须在活动前提交企划案，而且还必须得到管理层的批示才可以进行后续的工作。未能掌握工作进展是罗海庆的错，但是她从一大早就在准备采访事宜，根本就没有多余时间提交；再加上要准备记者座谈会，她根本就忙不过来。这一点部长应该比任何人都清楚。然而，部长却冲她吼出这些难听的话，这让罗海庆内心涌起了强烈的失落感。

"部长，我很抱歉。可是我上周已经把企划案发给您了，不是吗？只是因为我没有收到部长的回信，所以……"

"罗主任，你现在是在怪我吗？你竟敢把责任踢给我！你这是在哪儿学的？！你给我写辞呈，给我滚！"

一听到让她写辞呈，罗主任便哭了起来："部长，我不都说我做了吗，你为什么还这样？你也知道我并没有偷懒啊！"

挂断电话后，罗主任跑到厕所里大哭了一场。她不是为连小失误都不包容的部长而感到伤心，而是她感觉自己好像成了出气的对象、发泄压力的道具，对自己的处境感到很伤心。一想到部长的脸，她就很激动；而想到自己，则心痛不已，但是自己却没有任何办法去解决。伴随着这种复杂的心情，罗主任最终完成了企划案，把它放在了部长桌上。

怒气容易向弱势者发泄

这是美国演化生物学家大卫·巴瑞许（David P. Barash）在观察金雕生态时发生的故事。他一接近位于峭壁的鸟巢，金雕妈妈就感受到孩子有危险，便马上露出爪子朝他冲去。巴瑞许立即停下动作，盯着金雕妈妈看。这时却发生了奇特的事。金雕妈妈发现自己没有胜算便转移方向，朝刚好经过附近的鹡鸰群猛追。对金雕来说，鹡鸰实在是太小了，而且动作极快，不是那么容易就能捕获的，所以朝它们追去是没有意义的行为。而这突如其来的行为只是一种情绪发泄——遇到比自己强的对手没辙，只好欺负更弱小的对象。

如果雄狒狒在与同龄狒狒打架中落败，便会开始观察周遭，挑看起来较弱小的年轻雄狒狒欺负。接着，不服气的年轻雄狒狒会去打雌狒狒，而被打的雌狒狒则把气出在年幼的狒狒身上，掴或是咬它们。这一连串的事仅仅发生在 15 秒内。在动物社会里，把情绪发泄在其他动物身上是正常的事；人类也是一样，经常把好欺负的人当作出气筒。

愤怒和发泄情绪一样，传递力很强，容易被扩大、扭曲。愤怒是由上往下传递的，因为下面的人很难对上面的人发泄情绪。任何地方都存在着上下强弱的关系，怒气这种东西，具有从"强势"处往"弱势"处宣泄的特性。人类的情绪具有传染力，**当我们看到别人幸福时，自己的心情会变好；看到别人生气时，自己也会不知不觉地愤怒。**幸福的情绪是缓缓地蔓延开，然而愤怒的情绪传递速度却非常快，没有任何一种情绪比愤怒扩散得更快。

生气，也没关系：
成年人体面生气指南

发达的社交网络是培养愤怒、扩散愤怒的温床，脸书或推特不再是单纯展现自己的地方，而转变成了人们表达愤怒的地方。人们总是相对平静地解决悲伤，但当面对愤怒时，却经常激动地提起它，希望引起他人共鸣。这也是为什么社交网络渐渐成为怒气的培养皿。

曾有韩国财阀因为自家空中乘务员未将夏威夷豆拆开放在盘子里，而在机舱里大闹一番，甚至要求飞机返航。这一事件被称为"大韩航空坚果回航事件"。这件事被揭露之后，通过社交网络的力量，"坚果回航"成了资方横行的代名词。一时间，社交网络到处充斥着相关文章和恶搞作品，不断扩散与产生愤怒。闹得沸沸扬扬的"坚果回航"事件，恰好展现了愤怒通过社交网站散播出去的影响力。

可以对付愤怒的武器

大脑对于任何会威胁到我们的东西都很敏感，因为这样才能保护自己存活下来。大脑中掌管安全的边缘系统 [1]，又被称为大脑

1　边缘系统：Limbic System，指包含海马体（Hippocampus）及杏仁体（Amygdala）在内，负责多种情绪、行为及长期记忆的大脑结构。

的守卫兵，会不停地来回寻找威胁自我生存的因素，特别留意视觉、听觉等感知到的一切。

边缘系统一旦侦察到生气的领导是会威胁到自我生存的因素后，就会立即开启"战斗或逃跑反应"模式（flight-fight），反射性地决定自己究竟要战斗还是逃跑。在这个过程中，大脑没有理性思考的时间，因此当我们被上司骂感到很生气时，先思考当下状况是否合理、什么才是正确的应对方法并不容易。如果想要学会好好面对愤怒，我们需要练习。

上班族一天大部分时间，都是在职场中度过的；也就是说，与领导、同事的相处占了我们日常生活的一大部分。职场环境交织着复杂的人际关系，上班族的压力和面对的纠纷也大多出自人际互动。尤其是年轻的上班族，其中有很多人不太会处理人际关系，承受着巨大的压力，这都是父母过度保护造成的。

小时候必须经历适当的挫折才会产生面对困难的勇气，可惜的是，很多年轻的上班族却做不到。别说是长袖善舞，就连更重要的自我功能都不完善。他们经常在群体生活中一遇到困难，就会感到心灵受到了伤害，继而畏缩、崩溃。他们被领导责骂或是无视的时候，什么话都不敢说，只能累积心中的愤怒。而这种怒气会突然地一次性爆发出来，比如为了反抗领导或因为压力过重而辞职，这种情况屡见不鲜。

生活中，我们会不断遇到他人发脾气或自己生气的情况，**无论是对方的火气，还是我们心中的怒火，都必须好好控制住，自己的心才不会受伤，才能维护良好的人际关系。**如果想在愤怒的社会中保护自己，自己手中就必须有能对付愤怒的武器。

愤怒是原始的本能，
会使事情变得更糟糕

攻击是生存的本能

电影《暴力效应》（*A History of Violence*）中，老实又爱家的爸爸汤姆·史戴尔和美丽的律师老婆、初中生儿子、6岁的可爱女儿一起过着美满的生活。

有一天，一群匪徒冲进了汤姆经营的餐厅，持枪威胁店员与客人，汤姆出乎众人意料地抢走匪徒的枪，并杀死了匪徒们。汤姆的行为被电视新闻报道后，他成了拯救众人的英雄。然而，这起事件却为生活安稳的汤姆带来了危机。一名脸上有伤疤的男人在电视上看到汤姆后，开始频繁地出现在汤姆的周围。他把汤姆叫作"乔伊"，并对汤姆的家人说出了一件令人难以置信的事情。原来，汤姆曾经是个很厉害的杀手，在发生了一些不愉快的事情后，他就突然消失了。尽管汤姆极力否认自己曾是"乔伊"，但最终还是被揭穿了。家人都感到非常惊讶，自己所熟识的老公、父亲竟然有着截然不同的样貌。

汤姆的儿子杰克，原本是个不起眼又安静的学生，经常被不良少年欺负，因为从小就被教育要温顺，所以他不太会反抗别人。当杰克知道爸爸曾是很厉害的杀手后，他竟一下子就把欺负他的不良少年全部打趴在地上。这不是继承了父亲能力的关系，而是他内心累积的愤怒能量一次性爆发了出来。

这部电影旨在表达每个人的内在都有攻击性，只不过没有展现出来。当遇到危险时，任何人都会变得具有攻击性。在平凡的日常生活中，一个意外的瞬间就能唤醒体内的暴力因子。

瞪羚、水牛和斑马都生活在非洲的草原上，身为草原之王的狮子正处于饥饿中，然而想要成功狩猎，它需要付出的代价可不小。即使狮子的追捕足够猛烈，瞪羚仍会迅速逃脱。想要抓住体形庞大的水牛，则可能会被它们的后蹄踢中，或是被它们的角刺伤。就算狮子结群尽力追捕，狩猎的成功率也只有20%。

狮子仅能在狩猎成功的当天尽情享用大餐，其他的日子大多处于饥饿状态。狩猎失败的狮子还会因为伤口恶化或饥饿过度而死亡。可见位于食物链顶端的掠食者狮子，想要在严酷的自然环境中生存，也不是件简单的事。

攻击的本能来自生存，为了在弱肉强食的自然环境中生存和防御，动物的攻击性会进化。动物之间为了生存而进行的争斗超越了任何自然法则，因为在攻击猎物或对抗掠食者时，它们必须拥有足够的攻击性才能存活。

即使在同一族群内，也会为了争夺有限的资源、繁衍后代而进行更大的战争。猴子社会里，族群的头目固然可以饱食、拥有无数的母猴，可是公猴要守住头目的位置并不简单，平常总要和虎视眈眈的众多公猴打个头破血流。而那些社会地位低下的猴子。不是饿死，就是因为找不到配偶而无法留下下一代。

生物进化的原动力是"天择"和"性择"，拥有繁衍能力的成人留下后代的行为，是生物最原始的欲望。为了满足基本欲望，攻击性便成了生物必备的条件之一。当人感受到危险时，潜藏的攻击性就会冒出来，这是因为人类在经过数百年的进化后，攻击性已经烙印在遗传基因里了。

如果有人威胁自己，或是想要抢走自己的财产，不可能会有人乖乖地待着。一旦有人侵犯自己的领域，我们就会采取行动保护自己。仿佛所有的生命体为了生存下去，都会建立一套自我保护机制。

愤怒是在危机状态下保护自己的工具之一，所以会伴随着强大的力量爆发出来。当我们被人侮辱或无视时，愤怒能够带来足以抵抗攻击、压制对方的力量。生气时，我们的大脑会让身体分泌肾上腺素，使心脏跳得更快、肌肉紧绷，提供瞬间爆发的能量。

愤怒是试图改变对方的行为

　　如果把一只老鼠关起来，持续用高压电电击它，之后将它解剖，你就会发现它因为严重的压力而出现胃溃疡且肾上腺变大；如果将两只老鼠放在一起电击，两只老鼠会变得很残暴，疯了似的打架，再将它们解剖时却发现它们的胃很正常，肾上腺也没有变大。这是因为老鼠将被电击的愤怒发泄到了对方身上，减少了自身的压力。愤怒是弱者为了生存下来的挣扎，**不论是人类还是动物，不会表达愤怒情绪的个体很难活得长久。**一旦某个人被当成弱者，便很容易成为众人眼中容易被欺负的对象。

　　因愤怒而瞪大双眼、脸部扭曲、嘴唇紧闭，这样的表情会使对方紧张。当看到生气的表情时，没有人会惊讶地问"这是什么表情啊"，因为生气的表情往往散发出攻击的信号。人类不断地进化，以至于越来越能辨认出生气的表情，以保自身安全；若无法及时分辨出生气的表情，则会在没有防备的情况下遭到对方的攻击，因此没有危机意识的人类基因早已被淘汰。如果一个人表现出了强烈的眼神和好战的行为，任谁都能一眼看出其意图，那是因为他给对方传递了很明显的信息。

愤怒是拒绝的强烈信号——"我不要这个，现在够了"。

愤怒也是试图改变对方的行为。一个人可以用生气的方式向对方释放信号：你若是越过界限，就必须做好接受反抗和反击的准备。说白了，愤怒承担了沟通与防御的功能。

最近出现了一个新词叫"职权骚扰"，起源于韩国某航空公司副社长乱说话事件。"职权骚扰"是指在职场中，领导利用自己的职权对员工进行不合理的折磨。员工们一直强忍着领导近乎侮辱性的谩骂，当员工们的怒火忍不住爆发时，更加突显"职权骚扰"现象的严重性。

如果情绪不表现出来，有些人根本就不知道对方有多辛苦。很可惜在职场中，不少领导是这样的人，他们会摆出一副完全不知情的表情，瞪大眼睛说："我真的不知道严重到了这种地步。"承受者默默忍着，将愤怒一点点地累积在心中，而加害者却并不知情。因为在职场中，他们很容易把这种不合理的情形合理化为"等级秩序中会发生的状况"。

生气，也没关系：
成年人体面生气指南

在这种情况下，闷不吭声并不能解决问题。若是持续忍在心中，反而会为了抑制愤怒而消耗更多能量。如此累积的愤怒终将会因为一件小事爆发出来；而愤怒的情绪一旦爆发，人际关系往往会恶化到无可挽回的地步。心结不断累积，人际关系也会断裂。不断累积的负面情绪会成为人际关系中的致命毒药，但胡乱发脾气也不好。愤怒有高度传染性，承受的一方很难冷静地接受。因此，面对这种情况，最好的处理方式是理性地说出对方的哪些行为给你带来了伤害，并因此使你产生了什么样的感受。当然，一定要严肃地说出来。

　　另外，合理的愤怒有助于人们摆脱负面情绪。有些人即使知道他人对自己提出的要求很不合理或想利用自己，仍很难拒绝对方，过度的乖顺让他们成为"乖宝宝症候群"或"人际关系中毒者"。他们不仅不太会拒绝，而且当他们真的拒绝对方过分的要求时，还很容易感到内疚与羞愧；可以帮助他们的，正是"愤怒"。你不应该因为拒绝对方而感到内疚，而应该对过分的要求感到愤怒，这才是正确答案！

愤怒是追求成就的原动力

2010年，荷兰乌特列支大学心理学系研究团队研究了愤怒与成就动机间的关系。研究团队通过电脑屏幕向受测者展示马克杯、笔等物品的照片，而在这些照片中间，还会闪烁出现特定表情的照片。这些表情出现的时间非常短，以至于受测者根本无法看清照片的背景。生气的表情、害怕的表情以及面无表情，这些照片会在瞬间出现，利用每个表情加强情绪与物品的关联性。研究团队要求受测者看到想要的东西出现时，就握住预先准备好的操纵杆；同时也向受测者说明，越是用力握紧操纵杆，得到该物品的可能性就越大。经过几次实验后发现，当生气的表情闪过时，受测者会因为想得到该物品而更用力地握紧操纵杆。比起伴随害怕或面无表情一起出现的物品，同生气的表情一起出现的物品更令人想要拥有。最后的研究结论证实，**愤怒有助于产生动机**。

愤怒可以升华为提升自我的力量，如果你仔细分析自己为什么生气，可以从中获得重要领悟，比如意识到是不是自己哪里不够好，或是有什么东西是不想被别人抢走的。 如果只会生气，是不会有任何进步的。我们必须仔细观察是什么让我们产生了怒气：是藏在内心深处的自卑，还是嫉妒？如果是自尊心曾受损的人，会留下强烈的记忆，那么愤怒的情绪就是为了修复受伤自尊所做的努力。所以说，愤怒会给你提供之前不具备的力量。举例来说，当考试不及格或比赛输了的时候，愤怒会成为发愤图强的动力，促使自己达成目标。

世界著名跑车兰博基尼的成功，就是化愤怒为力量的典型例子。兰博基尼的创始人费鲁吉欧·兰博基尼（Ferruccio Lamborghini）曾打算向法拉利创始人恩佐·法拉利（Enzo Ferrari）提出一些产品的改进建议，却被恩佐无视，费鲁吉欧一怒之下决心制造出比法拉利更优越的跑车，于是创立了兰博基尼。

费鲁吉欧·兰博基尼原本是一名拖拉机商人，在20世纪50年代后期因拖拉机事业赚了一大笔钱。费鲁吉欧·兰博基尼经常驾驶法拉利在道路上飙车，但他并不满意自己购买的法拉利跑车，所以向恩佐·法拉利提出了改进建议。然而，自尊心极强的恩佐却无视费鲁吉欧的建议。费鲁吉欧很生气，他为了灭法拉利的威风，决定亲自制造跑车，这便是兰博基尼的开始。可以说，兰博基尼对法拉利的愤怒促使了这个全球顶级跑车品牌的诞生。

事实上，兰博基尼对法拉利的愤怒与报复心理随处可见。兰博基尼不仅抢走了法拉利的许多设计师，而且为了击败法拉利，甘愿承担经济上的损失，以低价销售其首款车型。凭借这种具有攻击性的经营方式，兰博基尼与法拉利在全球超级跑车市场展开了长达半个多世纪的竞争。

愤怒会刺激人类追求成就的欲望，成为诱发动机、达成目标的原动力。**如果有人激怒你的话，不要生气，而是把它当作让你别动摇、更进一步的信号吧！那么，愤怒就会从毒药转变为让自己成长的维他命。**

◖不被他人操纵情绪使用说明

> 如果只会生气是不会有任何进步的，善用愤怒带来的力量，正视自我；把这份情绪转移到对的地方，就能让我们更加强大。

愤怒是追求正义的力量

愤怒在建立社会正义、推动历史进步上发挥着重要作用。**人们为了对抗不公正的行为，需要正当的愤怒。不表现出愤怒的人，往往都是不会参与社会活动的人。**对待非正义行为，最糟糕的态度就是冷漠。"我还能怎么办？做好我自己的事就行了。"这样就是默认现状、放任不管的态度。融入社会才是能恢复共同生活价值、使历史进步的方式，这一切的基础则是无法忍受不公

生气，也没关系：
成年人体面生气指南

正的正当愤怒。

克林特·伊斯特伍德（Clint Eastwood）自导自演的电影《老爷车》（*Gran Torino*），充分演绎了正当的愤怒：沃尔特（克林特·伊斯特伍德饰）从汽车厂退休后过着无聊的晚年生活，他在参加朝鲜战争时受到了精神创伤，以至于一辈子受精神疾病折磨。沃尔特不仅时刻充满了罪恶感，也对把自己变成这样的世界充满了愤怒。他只搭乘美国产汽车，憎恨外国人；只要有看不顺眼的事情，就会义愤填膺。这样的他和家人的关系也很糟糕，因此一个人独居着，他最珍惜的只有那辆"老爷车"。

某天，隔壁搬来了一户亚裔移民家庭。带有种族歧视眼光的沃尔特很不满意新搬来的邻居。有一次，邻居家的儿子涛因为躲避帮派分子的威胁而潜入沃尔特的车库，想要偷走沃尔特的老爷车。然而，这件事却意外地成为沃尔特对涛一家人敞开心扉的契机，他也被涛一家清苦却努力活得正直的态度所感动。

当地帮派分子总是欺负涛和苏两姐弟。于是，沃尔特发挥了以前作战的实力，教训了该帮派的头目，却因此引来帮派分子的报复。帮派分子用枪扫射涛的家，不但把苏打得全身是伤甚至还强暴了她。沃尔特虽然很愤怒，但他认为造成暴力恶性循环的人是自己，于是他没有再次选择用暴力回击，而是决定为了这对姐弟牺牲自己。

沃尔特只身前往帮派分子的地盘。当他把一只手插进口袋时，帮派分子误以为他要掏出武器，立即拿枪射击他。其实，沃尔特身上并没有武器，他当时只是想拿出打火机罢了。在电影的结尾，帮派分子因涉嫌杀人罪被警方逮捕，涛和苏两姐弟因沃尔特的牺牲而恢复了平静的生活。

生气时，你的行为大多是错误的

亚里士多德在《尼各马可伦理学》（*Nicomachean Ethics*）中谈到："愤怒看起来像是某种程度上对理性的倾听。但在听完别人说的话之前，愤怒就像听错了命令，急着冲出去执行的奴隶一样，它最后会让人变坏、走歪。"愤怒过后，只会留下自责与后悔。每当我们因为忍不住愤怒而将事情搞砸，并导致此前累积的人际关系瓦解时，虽然会下定决心"下次别再这样了"，但真的做到却并不容易。

影响别人最好的方法，就是调整自己

许多人认为，积累愤怒会使人生病。当然，当愤怒积聚时，心中的确会产生疙瘩，心情会变得郁闷纠结，导致忧愤成疾，容易发怒或是心跳加速等。因此大家常说，必须尽可能把情绪发泄出来，不要藏在心里。可是，把愤怒统统发泄出来，就能消除心中的疙瘩吗？

答案是并不会。越是发泄愤怒，越不能解决问题，反而会使愤怒累积得更多。因为你发泄的愤怒会刺激对方，并引发一连串的愤怒。就算是有理由的生气，对方也很难理性地接受，愤怒是难以得到对方理解的。对人际关系来说，愤怒是毒药。

经营私人会计师事务所的林在英因为员工的流失与更换而感到苦恼。新员工往往坚持不了几个月就辞职，这让他大伤脑筋。每当有新人入职，林在英为了让他能尽快投入工作，会很详细地教授每一项业务。不久前，20岁出头的朴美善进入了公司。这次林在英也一样，安排好朴美善的岗位后，就为她详细说明了相关业务。因为朴美善有在别家事务所工作的经验，所以林在英对她的期待很高。可是，朴美善没能很好地完成林在英交代的事情，接二连三地出错。林在英忍不住吼起来："这些都教过你了，就应该做好啊！连我刚教你的都做不好吗？你不是之前做过吗，你就是因为这样才被以前的公司解雇的吧？"

朴美善被骂得哑口无言，她的脸色变得很难看。她不是故意这样的，只是因为还不熟悉业务才造成失误。上班第一天就被老

生气，也没关系：
成年人体面生气指南

板这样对待，美善既伤心又沮丧，觉得自己无法再待在这里。她立刻向林在英表示自己无法再继续上班，然后就离开公司了。

林在英的内心也很受伤，他想成为好老板，却因为容易动怒的个性，无法控制自己的情绪，经常伤了与员工间的和气，造成各方面的损失。长此以往，公司里没有一位长期的员工，这让公司经营也变得十分困难。

虽然生气是在传递坚定意志的信息，但充满怒气的措辞反而会让对方开启防御机制，使对方想要躲避。**影响他人的最好方法，是把自己调整成——如果是这个样子的人跟我相处，我也会感到舒适的样子。**这样自在的氛围，自然而然地就能影响他人，给他人做出榜样，维持良好的人际关系。如果将愤怒化为积极的能量，也能提高我们的自信心，更从容地面对负面情绪。

人类为了生存，已经进化出了对威胁反应非常敏感的大脑。一看到生气的表情，我们的大脑就会响起警报。哈佛大学斯特劳斯博士团队让受测者看生气表情的照片，并拍下了他们的大脑磁振造影。大脑的前扣带回和脑岛会活化海马回与边缘系统。前扣带回是交互作用的中枢，脑岛是大脑负责痛苦、恶心等情绪的部位，边缘系统也是处理情绪的中枢，海马回则是负责记忆的部位。即使只是看到生气的表情，负责负面情绪的大脑各部位也会集体出动。

如果我生气，即使对方没什么反应，对方的大脑仍会处于高度紧张状态。这表示人为了处理负面的情绪会不断努力。我们必须正确了解当自己生气时，对方大脑是多么强烈地在处理负面情绪。如果看到生气的表情并被对方骂，对大脑的影响会更大。前扣带回和脑岛、情绪与记忆中枢会总动员，连调解纠纷的前额叶也会亮起红灯，这时大脑就会处于负面又复杂的状态。由此可见，愤怒对自己和对方的关系有很大的影响。

无法克制的怒火会造成恶性循环

在停车位狭窄的住宅区、商业区或是胡同里，每天都上演着"抢车位"大战。琐碎的纠纷变成吵架，不仅伤了邻居间的和气，甚至可能演变成暴力事件。

闵泰秀和黄庆民是住在同一栋公寓的邻居，因为停车空间很小，所以他们会并排停车。可是闵泰秀对于黄庆民总是把车停在自己车的前面感到很不满，因为每次要开车时，都必须联络黄庆民，有时候还会由于联系不到他而无法开车。有一天，闵泰秀又看到黄庆民把车停在自己车的前面，一直以来累积的怒气便一下子爆发出来。闵泰秀为了把车子开出来而下楼，很大声地质问黄庆民："你为什么总是把车停在我车的前面？"很快，争吵转变成了肢体冲突。控制不住怒火的闵泰秀冲回家拿出瓦斯枪威胁黄庆民。黄庆民吓得拔腿就跑，闵泰秀追了上去并把他扑倒在地，拿瓦斯枪朝他脸上喷。黄庆民失去了意识。闵泰秀被警察逮捕，以疑似违反不得使用暴力等相关处罚条例被收押。

经营炸鸡店的林东奎偶尔会因为无故乱停的车挡住了店门而心情很不好。这一次，林东奎一连给车主打了好几次电话都无人接听，他开始生气了。巧合的是，刚在附近吃完饭的车主此时正回到了炸鸡店前。已经气炸的林东奎很不客气地对车主说："快把车开走！"车主回道："你吼什么？"两个人吵了起来。高分贝和脏话充斥着整个争吵。突然，车主从车上拿出一把小斧头，威胁着林东奎："你有本事就再说一次！"作势要把斧头砍下去。林东奎吓得立刻跑出两百多米外，并且还扭伤了脚，脚踝严重受伤。

我们都会把自己的情绪投射在他人身上，而忽略自己当下的心理状态。当心情不好时，不少人会下意识认为，之所以心情会不好，是其他人让我心情变糟糕的。有时候我们会将工作中的压力发泄在好欺负的对象身上，比如下属或是比较友善的同事，甚至是对自己表示关心的朋友或家人。如果反复出现这样的情况，我们害怕的寂寞、孤立就会迎面而来，因为愤怒会将其他人从我们身边赶走。你越是生气，表露出威胁的态度，越是会被孤立，并且也会因为孤独而更加生气。**愤怒会斩断我们与他人的关系，把自己带向孤独；而孤独会接着会转化成更大的愤怒，形成恶性循环。**

金成圭一生气就会讲出许多难听的话，经常欺侮自己的老婆和孩子。他就职于一家知名企业，职务为常务。凭着一股一定要把工作做好的冲劲，金成圭的工作能力和管理能力都备受肯定，一路升迁到同事们都很羡慕的位置。在公司里，虽然他的个性有点急，但能明确区分可以说和不可以说的话，领导和下属都认为他既慎重又温柔，对他无比信任。可是，一回到家，金成圭就变成了一个性情完全相反的人。只要有人回嘴或是让他不满意，他就会立刻破口大骂。不堪忍受的儿子总是躲避他。每当金成圭发现儿子对自己躲躲闪闪，他就更加气急败坏。尽管他下定决心要好好对待儿子，却不容易做到。有一天，金成圭突然将累积的怒火爆发出来，动手打了儿子，导致儿子离家出走。

因为愤怒调节功能出了问题，所以人会不断地生气或出现破坏性行为，这被称为"愤怒调节障碍"。愤怒调节障碍是一种无法克制的冲动控制障碍，冲动控制障碍的范围很广，举例来说，惯性偷窃（偷窃癖）、惯性放火（纵火狂）等都是其中的一种。

即使是微小的刺激都会使"愤怒调节障碍"发作，并且在瞬间将怒火喷发出来。例如有些人会激愤地指责餐厅员工，仅仅因为对方询问时的语气太平淡；或者有些人会与出租车司机因为小事而争执，突然就转变成暴力相向的攻击。尽管有"愤怒调节障碍"的人平常看起来很温和，没什么攻击性，却会突然丧失理智，令周围人大吃一惊。这是因为他们想爆发出来的强烈冲动都在短时间内一拥而上，无法控制住。而当愤怒的暴风过去后，他们常会感到后悔和自责，而这一点是与被称为"反社会人格"的精神疾病患者不一样的地方。可是，如果只是停留在后悔阶段，日后还会反复出现这些行为的话，那么就必须接受专业的治疗了。

●━不被他人操纵情绪使用说明

　　人类对于生气警报非常敏感，尽管对方不是冲着自己发火，我们也能感受到负面情绪的压力。

愤怒会上瘾，损害的是自己

偏执愤怒的结局是悲剧

赫尔曼·梅尔维尔的小说《白鲸记》（*Moby-Dick*）生动地描绘了一个在充满愤怒的人生中遭遇毁灭的人的形象。亚哈船长的一条腿被巨大的白色抹香鲸（莫比·迪克）咬断后，他为了报仇，很执着地追捕莫比·迪克。

"我可以从那家伙身上感受到一股邪恶的力量，还有它那蠢蠢欲动又不可思议的恶意！我最恨的就是那种不可思议的东西！不管大白鲸是走狗还是主犯，我都要把那家伙当成对象来发泄我的恨！别跟我说什么亵渎神灵的话，若是敢侮辱我，我连太阳也敢对抗。如果太阳敢出现，我也会把我所承受的一并奉还。"

有一天，莫比·迪克出现了。虽然它的背上插满鱼叉，却还是很难被征服，它好像是在嘲弄被欲望和怒气冲昏头的人类。亚哈和莫比·迪克的战斗持续了三天。在前两天的战斗中，亚哈的好几艘小船被损毁，也死了不少船员，但是他的执着丝毫没有改变。

"毁了一切却不投降的大白鲸，我会朝你冲去！我到死都会与你战斗的！就算在地狱，我也要把你插死！为了我的怨恨，我的最后一口气一定要朝你吐出！你肯定早已知道，你自己的死期已经到了！求饶吧鲸鱼！就算我被你困住，我也会继续追击你，把你四分五裂，直到你做了我的枪下之鬼为止！"

到了第三天，亚哈搭上最后一艘小船，想用鱼叉灭了莫比·迪克。但是鱼叉的绳结缠住了他的身体，他跟鲸鱼一起被卷入大海中。偏执狂般的愤怒与报仇心理，最后使他迎来了悲剧性的结局。

排解情绪≠发泄怒气

不少人以为，如果把愤怒发泄出来，我们的心情就会豁然开朗。虽然会有点不自在的感觉，但因为心里没有堆积的情绪，所以我们会自我安慰，认为这样对心灵健康是有好处的。释放心中的不满，排解自我情绪，这个过程被称为"净化"。"净化"一词最早出现在亚里士多德的《诗学》（Poetics）中。当我们看悲剧时，会被主人公悲惨的命运诱发出激动的情感，有时甚至会流泪。在此过程中，负面情绪会得到释放，好像心里纠结的事情都解开了一样，这就是"净化"。"净化"的意思就是去除体内不好的东西，也算是一种排泄。

弗洛伊德继承并发展了亚里士多德提出的"净化"理论。弗洛伊德认为，如果压抑的愤怒不断累积，就会出现歇斯底里的症状。情绪无法适当地表达出来而不断堆积，就不得不另寻出口发泄出来，这正是愤怒调节障碍患者会出现的症状。弗洛伊德主张：压抑且累积愤怒，就像人们把刀尖对准自己，导致自我厌恶和抑郁症的产生。所谓的治疗是尽可能让病患发泄负面的情绪，然后让病患重现小时候与父母的关系，培养自我功能，引导他们学会控制负面情绪。

"如果愤怒之类的负面情绪被释放，减少压力，症状就会好转，并且攻击性行为也会减少"，这样的主张看起来好像很合理，可是研究结果却恰恰相反。当我们紧抓着"愤怒"的情绪不放，并发泄在侮辱我们的人身上，愤怒不但不会消除，反而会因为过度愤怒而使我们失去理智，酝酿出更强烈的不满。当我们生气时，大脑会分泌压力荷尔蒙，而分泌的荷尔蒙会再次刺激大脑，出现恶性循环。所以**越是生气，怒火越是上升，愤怒越是不断扩大。发泄不仅无法消除怒火，反而是在怒火上浇油。**

　　排解情绪和发泄愤怒这两件事不能混为一谈。弗洛伊德所说的"表达出情绪来排解情绪"，并不是要我们发脾气。虽然情绪需要一个出口发泄，但是越发泄愤怒，愤怒越会啃噬自己的心灵，发泄愤怒不会转变成情感净化作用。

愤怒上瘾

　　伴随愤怒出现的生理状况与伴随恐惧出现的心理状况很相似。当人感到愤怒时，位于大脑深层的下视丘[1]的神经元会苏醒；它们会向肾部的肾上腺传递信号，使肾脏释放出压力荷尔蒙"肾

1　下视丘：Hypothalamus，调节内脏活动和内分泌活动的较高级的神经中枢。

上腺素"和"皮质醇"[1]。

肾上腺素是人类为了保护自己远离危险进化而来的物质，与"战斗或逃跑反应"相关联。当面临危机时，它能帮助我们迅速处理，让我们马上决定是正面应对还是逃跑，并且往往伴随瞳孔放大、心跳加快、毛发竖起来等反应，因此肾上腺素又被称为"危机管理物质"。

生气时释放的肾上腺素会让整个身体处于紧张状态，从大脑和肌肉到身体的每一个细胞都会变得很敏感，好像稍微碰到就会马上爆发一样。如果肾上腺素分泌过度，对健康非常不利，因为它会刺激交感神经，使心跳加速、血压攀升；万一肾上腺素数值一直降不下来，就有可能罹患高血压或心脏病等严重的疾病。

通常很能忍的人只有在觉得非常冤枉、不公正的时候才会生气，但在这种情况下，血压也不会突然爆升；可是经常生气的人每次爆怒后血压都会突然攀升。比起压抑怒气，血压更容易在爆怒时快速上升，而且此后一段时间，血压也不会下降。因此可以说，经常生气的人就像每天在服用少量的毒药。

1　皮质醇：Cortisol，又译作可体松，属于肾上腺分泌的肾上腺皮质激素中的糖皮质激素，在应付压力中扮演着重要角色，故又被称为"压力荷尔蒙"。

生气，也没关系：
成年人体面生气指南

惯性愤怒小心致命！

大脑喜欢熟悉的东西，它不会自动选择有益的行为，而是反复选择熟悉的行为。身体会记住经常做的动作，这就是习惯。这时的记忆是程序性记忆，而不是像回忆或知识一样的陈述性记忆。比如，如果你在小时候学会了骑脚踏车或弹钢琴，即使过了很长时间也不会忘记；这和开车时尽管不完全集中精力盯着前方，也能不偏离车道是一样的。习惯也是程序性记忆的一种，一般不会轻易被改变。

为什么我们需要习惯呢？同样也是为了生存。如何存活下来是远古人类的基本目标，因此在躲避危险、寻找食物方面，会不断进化出最有效的生存机制。如此一来，至少可以培养出维持生命的习惯动作。大脑不会轻易改变几十万年进化而来的生存机制，这是因为新的行为虽然能带来好处，但也有可能给生命带来危险。就算远古时期的危险因素已经消失，人类不再只为生存问题所苦，但是我们的大脑却没有改变。

原始人大脑的运作机制依然存留在现代人的大脑中，因此，即使现代社会中食物随处可见，也无法抑制我们对食物的过度渴望；过多的热量让脂肪堆积在身体内，从而导致肥胖。比起新事物，大脑更喜欢习惯的事物，这样的方式会让人习惯储存在大脑里的既定模式。经常生气也是一种习惯。

心脏病专家弗里德曼（Friedman）和罗森曼（Rosenman）将人的性格类型分为 A 型和 B 型，并进行了罹患心脏病风险的比较。这不是以血型进行划分，而是依照个性来区别：A 型的人个性很急、好胜心强、具有攻击性，而 B 型的人行事温和、能忍耐、容易信赖他人。调查结果显示，A 型的人比 B 型的人罹患心脏病的风险高出 3 倍。在影响 A 型人性格的各种因素中，与罹患心脏病紧密相关的是愤怒与仇恨，也就是说，怀有很多仇恨又习惯发怒的人很容易罹患心脏病。

我们生气时，交感神经会很兴奋，心跳加快，血压上升。如果经常生气的话，就很难让交感神经冷静下来。这使得交感神经平常也会维持紧张状态，即使是小小的刺激也很容易使交感神经兴奋。从身体的立场来看，因为总是反复遇到危机，所以身体会尽力快点准备好应对措施。和愤怒一样，激动的情绪也是一种压力，就和抗压性很弱的人一面对压力就容易崩溃一样，经常生气的人也比较容易感到愤怒。

有一项研究以 225 名医学院学生为对象，进行了针对敌意的个性测验，并在 25 年后检查他们的健康状况。调查结果显示，比起不容易愤怒的人，容易愤怒的人患心脏病的概率要高出 5 倍。也就是说，和吸烟的人一样，易怒的人有罹患心脏病的高风险。

美国约翰·霍普金斯大学医学院研究团队在对 1000 名成人进行调查后，发现动不动就生气的人在 55 岁前罹患心脏病的可能性是一般人的 3 倍，发生心肌梗死的风险是一般人的 5 倍。让这些性格暴躁的人学会控制愤怒的方法后，他们的心脏状态则有所好转。

生气时分泌的代表性压力荷尔蒙皮质醇，其坏处也广为人知。我们的身体里每天会产生数千个癌细胞，可我们却能保持健康，这有赖于我们体内的"自然杀伤细胞"（natural killer cell）。自然杀伤细胞是一种免疫细胞，会寻找癌细胞，破坏它们，并阻止癌细胞攻击；皮质醇则有抑制自然杀伤细胞的机能。也就是说经常生气的人的免疫力会变弱，罹患癌症的风险会升高。

如此一来，越是生气越是吃亏。守护健康的最佳方法是抑制愤怒，控制怒气。

● 不被他人操纵情绪使用说明

愤怒的流泻就如同水一般，由高处往低处流，我们习惯将自己的愤怒宣泄在关爱我们或是地位相对低下的人身上。你是否也对那个爱你的人无端发火呢？

第 **2** 章

· · ·

当你愤怒时，
你的身体会发生什么

我们越频繁生气，愤怒的燃点会越来越低，就越容易
生气。若想以暴怒来发泄怒气，不但无法消除心中的
不悦，罹患高血压、心脏病与癌症的概率也会跟着情
绪飙升，从而影响健康。

当你愤怒时，
你的身体在发生什么

男性荷尔蒙会提高攻击性

通常，比起女性，男性更容易感到愤怒且具有较高的攻击性。在男性荷尔蒙分泌最高的青少年时期，会因为很小的刺激而爆发攻击性言行。10 岁到 20 岁出头的男性，暴力行为表现得最多，这是因为在那个年龄段，男性荷尔蒙会爆发性地分泌，因此这一时期也被称为"睾酮痴呆期"。人的攻击性会受到男性荷尔蒙睾酮很大的影响；暴力行为越严重的人，睾酮的数值就越高。女性也会分泌少量的睾酮；这一数值越高，愤怒与攻击性行为也会越频繁。

如果将雄性的小老鼠阉割，当它长大后，就不会出现雄性会有的攻击性。如果为被阉割的雄性老鼠注射男性荷尔蒙，那么它又会出现和一般雄性老鼠一样的攻击性。雄性老鼠的男性荷尔蒙越多，它的攻击性会越强，并且在群体中的社会地位也会上升。人也是如此。男性荷尔蒙数值越高，竞争意识越强，对社会地位的野心也会越大。**越是具有攻击性的人，所拥有的男性荷尔蒙就越多；可是有一部分人却因为分泌了过多的男性荷尔蒙，而出现反社会的过激行为。**

另外，也有研究结果显示，男性荷尔蒙会强化以自我为中心的个性，妨碍与他人的合作。英国伦敦大学的尼古拉斯·莱特（Nicholas Wright）博士对 34 名女性进行了有关男性荷尔蒙的实验。研究人员让两位第一次见面的陌生女子组成一组，通过电脑屏幕给她们看莫列波纹[1]图案，并让她们从中挑选出比较明亮的图案。因为莫列波纹的明暗差异很难一眼看出来，所以受测者必须彼此帮助、充分讨论，才会获得更高的答对概率。实验以一周为间隔进行了两次。第一次实验时，研究人员让受测者服用补充男性荷尔蒙的药物，第二次则是服用假的药。结果显示，吃假的

---

1 莫列波纹：Moirépattern，又称为摩尔纹，是一种在栅栏状条纹重叠下所产生的干涉影像。

药时，受测者答对的概率更高，这是因为她们为了寻找更正确的答案，会进行讨论，彼此交换意见。而当服用了补充男性荷尔蒙的药后，受测者会强烈主张自己的意见，答对的概率明显偏低。

尽管男性荷尔蒙确实与攻击性有关，但是并不能通过检测一个人的男性荷尔蒙数值来预测其攻击性，只能通过比较这个人的男性荷尔蒙数值与群体平均值来推测其是否可能出现更多的暴力行为。

控制愤怒的荷尔蒙——血清素

大脑分泌出的神经传导物质里，有一种叫血清素（serotonin）。**血清素可以帮助我们控制过度兴奋或激烈的情绪。如果血清素分泌充分，压力、不安和忧郁就会消失，使心灵变得平静，可以提高专注力，对学习也有帮助。**

血清素与社会交际有关，越是进化程度高的动物，与他人合作建立社会关系的能力越强，而血清素就是在控制这些行为。大脑中血清素少的猴子不太能学会相互合作的行为，因为无法信赖对方而导致最后形单影只的情况很常见。也有研究指出，猴子大脑中的血清素越少，在猴群社会里的等级就越低。一旦增加它们大脑中的血清素，雄性猴子的人气就会升高，找到配偶的成功概率也会大大提升。

血清素会影响体内的冲动因子与攻击性，血清素数值低的老鼠爱打架，猴子也一样；血清素越低越容易打架，也因此经常受伤。如果向这些猴子注射可提高血清素的药，它们彼此会相处得很好。

人类的攻击性也受血清素的影响。曾有人检测纵火犯和暴力犯体内的血清素含量，结果发现他们的血清素数值很低；数值越低，出狱后再犯罪的可能性越高。血清素含量也会影响人们的自我攻击，有研究针对自杀失败的人进行血清素检测后发现，血清素含量越低，再次试图自杀的可能性就越高。据调查，无法控制冲动又有攻击性的性格障碍患者，其血清素含量也比较低。现在，我们可以通过功能性磁共振成像技术（f-MRI）直接观察大脑的活动。通过功能性磁共振成像观察曾经试图自杀的人和不太能控制愤怒的人的大脑，可以发现他们大脑前额叶会减少分泌血清素。

如果一个人无法忍住哽咽想哭的情感，或者反复出现暴怒行为，那么他很有可能患有阵发性暴怒障碍症。如果给这种人注射可提高血清素水平的抗抑郁药剂，则会降低他们的冲动行为和攻击性，因为提高血清素含量的药物会帮助他们缓解生气的情绪。如果一个人对自己很愤怒并有毁灭自己的念头，就会出现自杀的行为。提高血清素水平的药物能减少抑郁症患者自杀的冲动，明显降低自杀风险。血清素可以控制愤怒，抑制冲动的行为，它在大脑里担任着指挥者的角色。

提高亲密感的荷尔蒙——催产素

催产素是女性生产时体内分泌的荷尔蒙，能帮助产妇与孩子建立感情，它是母亲对孩子无限疼爱的源泉，可以让产妇感到满足与幸福，因此也被称为"爱情荷尔蒙"。催产素能帮助我们相信他人，与他人缔结亲密关系。

瑞士苏黎世大学的恩斯特·费尔（Ernst Fehr）教授的团队针对128名男性进行了催产素的实验。这个实验是以股市游戏的方式进行的，也就是将受测者的身份定为委托人或受托人，观察他们会投资多少钱在股市里。研究人员将受测者分成两组，其中一组会在他们鼻子上喷洒催产素，另一组则会吸入非催产素的药。结果显示，被喷洒催产素的那一组受测者中，委托人给受托人的资金是另一组没有吸入催产素的2倍以上，这表明吸入催产素的委托人更加信任受托人。

德国神经生物学家约瑟夫·鲍尔（Joachim Bauer）主张，合作是人类的天性。我们彼此不断合作，其核心因素正是催产素。

生气，也没关系：
成年人体面生气指南

当我们被他人认同或喜爱时，会促进体内分泌催产素。反过来，当我们信任他人、去爱他人时，也会分泌许多催产素。催产素分泌得越多，对生活的满意感和幸福感也就越强烈。被称为"爱情荷尔蒙"的催产素简直是幸福的灵药。

催产素是可以提高亲密感和亲近感的一种荷尔蒙，它还可以对抗提高攻击性的男性荷尔蒙。在人类进化的过程中，源自男性荷尔蒙的攻击系统先得到发展；身体为了修复这点，进而让催产素拥有与他人共鸣的能力。因为如果不懂得与别人合作，只会攻击对方，那么物种将很难生存下去。催产素会悄悄对你说："试着相信这些人吧！只有建立良好的关系，才对大家都有好处，不是吗？"而另一方面，男性荷尔蒙却发出不同的声音："你要是相信对方，你就是傻瓜！利用完就丢掉吧！"

催产素可以降低负责不安、恐惧与愤怒等情绪的边缘系统的活跃度，安抚这一部位不要太活跃、太兴奋。因此，如果催产素不足，我们的恐慌、敌意与不信任感就会增加，就可能会出现攻击性行为。比如，当研究人员消除老鼠大脑里的催产素后，它们的攻击性行为会暴增，这一点在人的身上也能得到验证。大脑内的催产素含量与攻击性行为成反比关系。

前额叶有问题时会出现攻击性行为

在人类大脑里，行为的控制中心是前额叶；前额叶会控制内在的冲动与欲望，调节情绪，让身体做出适当的行为。所以当前额叶出现问题时，我们会出现宛如脱缰野马般不受控的行为。

美国乔治敦大学的布雷克（Blake）教授的团队对31名杀人犯进行了调查，结果显示，65%的犯人前额叶机能都曾出现问题。南加利福尼亚大学的雷恩（Raine）教授利用正子断层扫描（PET）将21名杀人犯的大脑与正常人的大脑做了比较，结果发现杀人犯的前额叶活化程度明显偏低。有很多凶狠的犯人都被发现前额叶出现问题或活化程度低下的情形。以上的调查研究都显示，如果前额叶机能下降，就容易产生攻击性行为。

青少年之所以有心理浮躁的狂飙期，很大一部分因素是不成熟的前额叶。人到了12岁时，大脑的大小几乎与成人一样，但大脑的机能却还没有完全发育成熟，这是因为大脑每个部位的成长速度不一样。

大脑处理视觉、听觉、嗅觉等的领域是在10岁左右成熟，而掌握理性的前额叶则成熟得最晚。负责控制冲动和做出决策等高层次思考的前额叶，要到十几岁才逐渐成熟，所以青少年控制情绪及慎思的能力才会那么低。

生气，也没关系：
成年人体面生气指南

有些人是总沉不住气，爱发脾气，他们无法抑制攻击的冲动，并反复出现严重的暴力、破坏举止，我们将此称为"间歇性暴怒障碍症"（intermittent explosive disorder），又名暴怒症。得这种病有很大的可能性是前额叶机能出了问题。实际上，对间歇性暴怒障碍症患者调查的结果显示，他们的前额叶活跃程度确实比一般人低；也有研究显示，越是做出冲动攻击行为的人，前额叶活化程度越低。即使对健康的人进行实验，结果亦然。

　　当人生气、烦躁或被惹火时，边缘系统会启动，这时担任消防员角色的正是前额叶。如果前额叶出问题，无法控制边缘系统的情绪反应，愤怒就会爆发出来，接着做出攻击性行为。前额叶机能的故障，可能会成为攻击性行为或暴力的种子。

我们的大脑讨厌不公平的处事方式

要求公平是本能

梦想创作出不朽音乐并成为世界级作曲家的安东尼奥·萨里耶利（F·莫里·亚伯拉罕饰）在16岁时，为了实现他的愿望，向神祈祷："神啊！请让我成为名声大噪的作曲家！那样的话，我不只会向周遭的人传递幸福，还会日夜不停地歌颂你！"

神奇的是，第二天一位亲戚突然出现在萨里耶利面前，说要带他去维也纳，让他接受音乐教育。萨里耶利深信这一切都是神听到了他的祈祷并给出的暗示，因此他为了音乐甚至放弃了爱情，一边过着禁欲生活，一边拼命努力地做音乐，终于成为宫廷乐师。萨里耶利坚信神一直在遵守和他的约定，直到他遇到小自己6岁的莫扎特（汤姆·休斯克饰）。

虽然萨里耶利对莫扎特的才能非常欣赏，却也感到很痛苦，因为和莫扎特相比，自己显得一无是处。萨里耶利领悟到神选择的作曲家不是他，而是莫扎特，于是非常愤怒地毁了和神的约定，因为他觉得神不公平。

萨里耶利借由摧毁神选择的莫扎特来向神复仇。他身着黑色披风出现在莫扎特的面前，让胆小的莫扎特深受神经衰弱之苦。莫扎特的心理逐渐崩溃，最后自杀了。萨里耶利的愤怒使得天才作曲家衰颓不堪。

在描述莫扎特一生的电影《莫扎特传》中，平凡的萨里耶利比天才莫扎特更令人印象深刻。当一个人认为对方以不正当方法获利时，其愤怒会扩大，这正是因为感到了不公平。

"那个人成绩好，不是因为头脑好或是用功读书，而是因为遇到了好父母！花几百万韩币去补习，怎么会考不出那种成绩呢？我要是也遇到那样的父母，取得这种成绩也是轻而易举的事。"觉得世界不公平，这种心理会使人产生愤怒的情绪，出现攻击性的言行。

有一个知名心理实验叫"最后通牒游戏"，研究人员给一名受测者10万元韩币，将他带到完全不认识的人面前，并提出了这样的条件："现在请将我给你的钱分给面前的这个人，要给多少由你决定。如果对方接受你提出的条件，你们就可以拿走这些钱。如果对方拒绝，你们两个人连一分钱也拿不到。"

在这种情况下，拥有分配权的人可以爽快地各分一半，也可以贪心地一分不给。实验结果显示，每个人平均会分给对方4万韩元左右，因为人们认为如果给的钱太少，对方可能会不高兴，说不定会拒绝。

然而实际上，会拒绝拥有分配权的人，其拒绝的金额大致为低于2.5万韩元，远低于拥有分配权的人所预估的4万韩元。其实如果理性思考的话，不管对方愿意分出多少钱，只要无条件接受就都会赚到。即便只分到100韩元也是赚了，没有理由拒绝。可是人们往往并不这么想。在任何社会圈，如果没有达到受测者本人认同的某种程度的公平分配，他们就会毫不犹豫地履行否决权。他们认为若是没有达到最低的7∶3，那就不如两个人都一无所得。

为什么会发生这样的事呢？因为人类不只是想要物质利益，也会要求公平公正。如果一个人发现自己正在接受贿赂，会感到很气愤；在对待他人时也希望尽可能公平。拥有分配权的人单纯只是运气很好，并没有正当理由可以占有更多的钱。**人们宁愿放弃自身的利益，也无法坐视不公平，并对毁损公正的事感到愤怒。**

生气，也没关系：
成年人体面生气指南

有趣的是不仅人类如此，猴子也一样，会要求公平公正。美国佐治亚州立大学的莎拉·布鲁斯南（Sarah Brosnan）教授的研究团队把白头卷尾猴群体刚出生的猴子带走，将它们与外界隔绝，单独饲养。接着，研究人员将这群猴子分成两组，并给它们一些小石头。如果猴子把小石头给研究人员，就可以获得小黄瓜作为交换。95%的猴子都学会了用小石头换取小黄瓜。

　　但是，一旦改变规则，猴子们则会做出不同的选择。如果第一组猴子将小石头交给研究人员，换回的是小黄瓜；而第二组猴子换回的是葡萄，那么这时拿到小黄瓜的猴子中会出现丢弃小黄瓜且反抗的家伙，并且第一组中40%的猴子不会再进行交换。如果研究人员直接给第二组猴子葡萄，不要求它们用石头交换，那么第一组中仅剩20%的猴子会按照之前的规则进行交换，其他猴子则会通过丢小石头等行为表达愤怒。改变状况进行各种实验后可以确定，**会引起人们出现类似行为的不是野心或挫折等其他因素，而是对于差别待遇的不满。**

　　猴子对于不公平的事也会感到愤怒，要求公平公正已深深烙印在人类等高智商动物的本性中。对公平公正的要求不是后天学习的，而是进化过程中的本能。

差别对待容易令人生气

李书妍是一名有三年工作经验的广告策划。在大学期间，她的很多作品就入围了各种征选比赛；进入公司后，她也很快在同期同事中崭露头角。同事们都称赞她的文笔很出色，她的文案也经常成为最终候选之一；只是很可惜，总在最后决选时被淘汰。但是李书妍并没有因此失去信心，反而更加努力。

这一次，李书妍所在团队接到了一个新项目，是给新推出的头痛药制作电视广告。因为这款头痛药是制药公司花费很多时间才研制出来的，所以他们对这次广告抱有非常大的期待。这也给广告团队带来了很大的压力；要在规定的时间内决定广告风格、设计分镜脚本，实在很吃力。

团队熬了好几个夜晚来制定广告方案，甚至连分镜脚本都完成了，但是主文案却还没有确定。因为主文案还没出来，团队的气氛也越来越紧张。书妍一连几天都没有好好休息，不停地想文案。经过不断修改，她终于完成了文案，并且她的文案也进入了最终候选。努力终于有了回报，这一次书妍的文案被选为主文案。

终于到了向客户汇报整体方案的那天。组长亲自进行了汇报。

"我原本很担心，但是看了你们的方案后很满意。整体方案很好，你们真的辛苦了。就这么制作吧。"

客户很满意，这让整个团队都觉得很开心。但是这喜悦却很短暂，因为接下来书妍看到了令人震惊的一幕。

"主文案真是说到了我的心坎里，我很喜欢。你是怎么想出那样的话的呢？"

"啊，那个啊！我有一天在公园里散步时突然想起了喜欢的诗句，是从那首诗中获得的灵感。"

组长说得像是他设计出了主文案。这一刻，书妍怀疑是自己的耳朵听错了。

"真是厉害！大家都说你是知名策划人，果然名不虚传！"

书妍很震惊，她的大脑一片空白。她冲上前去抓住正要离开会议室的组长，用颤抖的声音问道："组长，刚刚为什么说主文案……"

"啊，刚才的事情你别往心里去。因为客户们都非常权威，如果说是你设计的主文案，我怕他们会瞧不起你，所以才说是我做的，这样他们才会承认这个文案的价值。这下你明白了吧？"

书妍又委屈又生气，却什么话也说不出来。她突然没了勇气，不敢再和组长继续争辩。

"就因为他是主管，所以就可以毫无顾忌地抢走我的工作成果、瞧不起我吗？"从那天开始，书妍一天天地累积着对组长的不满。她开始失眠，彻夜不睡地想象着怎样才能对向组长报仇雪恨。

瑞士心理学家席瑞尔（Scherer）与德国心理学家华伯特（Wallbott）针对 37 个国家的 2921 名大学生进行了调查，了解他们在什么情况下更容易愤怒。调查结果显示，愤怒产生的最主要原因是"故意制造令人不快又不公平的情况"；这表明，"自己没被公平对待"是导致愤怒的最大原因。公司主管抢走自己的工作成果或是未能获得正确的评价会使人生气，和同事相比自己得到的业务报酬很少也会让人愤怒。而且，当你觉得前面这些行为是故意为之的，就会更加气愤。

澳大利亚心理学家皮特尼斯（Fitness）针对 175 名上班族进行了职场中令你生气的事由的调查，**结果显示，令人生气的最常见原因是遭到差别对待，占了 44%**。比如自己没有做错事却遭到责骂，或是比同事承担更重的业务等不公平待遇。而说谎、业务怠慢、性骚扰等有违道德行为的原因则占了 23%。

当自己的事无法好好进行或不受尊重，以及遭到公开侮辱时，人们都会很生气。**大部分职场中生气的原因，都是自己没有获得公正待遇，也就是遭到了不公平的对待。**

最近的脑成像研究证实，我们的大脑对于不公平的事情相当

生气，也没关系：
成年人体面生气指南

敏感。大脑里掌管痛苦、憎恨情绪的部位是前扣带回和脑岛。当我们目击别人的痛苦时，这个部位会活跃起来，我们也会感到痛苦，可是当我们看到不公正又自私的人痛苦时，这个部位却不会活跃起来，大脑的同理心回路不会启动。并且，大脑不会就此罢休，让人感到更惊讶的是，每当这种时刻，大脑感到愉悦的奖赏回路竟然会热起来也就是说当我们看到不公正又自私的人遭到不幸时，我们会感到愉悦，这表明我们的大脑拥有惊人的双面性。

当我们看到公平公正的人痛苦时，大脑会产生共鸣；相反，看到不公正的人痛苦时，大脑会停止共鸣并且启动奖赏回路，反而会感到愉悦。由此可知，我们的大脑有多么讨厌不公平的处事方式。

愤怒是信号，
背后是渴望被尊重的自我

每个人都在呐喊"请认同我"

自从升为科长后，李润芝的烦恼就变多了，因为领导金经理总是给她压力。金经理说她现在已经升为科长，就必须掌握部门的所有业务，希望她更加努力地工作。

有一天，一通电话打了进来，是询问售后服务的。平时，李润芝会把电话直接转给负责售后服务的朴主任，但是想起金经理的耳提面命，要她做好中间主管的角色，所以这一次她回答了10分钟左右的电话。结束通话后，她正要整理电话内容，朴主任突然大叫起来。

"科长，你现在在干什么？这是我的工作啊！"

朴主任平时因为处理业务干净利落而深得经理的信任，虽然是后辈，但他的能力突出并经常被人与李科长比较，这让李科长很在意。

"朴主任，我知道这是你的业务，但我是科长啊！这不是我应该知道的事吗？"李科长忍住心里的火气，小心翼翼地解释。

"我问的是，你为什么要这么做？"说着，朴主任把笔往桌子上一扔，坐了下来，非常生气。李科长也气到连耳朵都红了，她盯着金经理，但是金经理什么话也不说，像是在偏袒朴主任。

更令人生气的是金经理的态度。金经理后来悄悄把李润芝约到咖啡馆谈话，对她说："李科长，你为什么要觊觎别人的饭碗呢，而且还是后辈的？你知道这看起来有点难看吗？"

李润芝完全没有要抢后辈业务的想法，她的眼泪都快流下来了。"金经理你这是什么意思？我作为科长，只是想更熟悉业务而已。"

"朴主任做得好好的，你不帮忙也就算了，为什么还要抢他的事做呢？"

金经理看起来完全没有想要倾听李润芝想法的意思。就这样，李润芝成了想抢后辈业务且不知廉耻的前辈。这种被侮辱的感觉让李润芝心跳加快、手脚发抖。在同一间办公室工作了十年的金经理只会偏袒朴主任，这比被人背叛的感觉还要更难受。李润芝心里的怒火直往上冲，她的脸变得更红，心脏也像是快要爆炸了。虽然她很想质问为什么金经理那么讨厌她，只偏袒后辈，但是话到了嘴边却无法说出口。离开办公室后，李润芝忍不住一直咒骂经理，她很想辞职，却也只是想想而已。李润芝决定干脆把心房关上。

"现在，我和经理之间的关系彻底完了。走着瞧！无论如何我都不会原谅他。经理，你总有一天会后悔的！"李润芝下定决心。

一个人内心受伤的最大原因是得不到对方的认同。当对方不认同自己的努力或优点时，我们就很可能会生气。疼爱、关心和自信心能带给人活下去的力量，我们每个人都在呐喊着"请认同我"。这呐喊消散在空旷之处而没有得到回应时，即使再多的对话，心灵依然会感觉到空荡荡的，这是因为人类想要被疼爱与认同的欲望一直期待被满足。

小时候，我们在父母的保护与爱护下成长；如果无法获得足够的爱，自我便无法健康地养成，也无法成为独立自主的成人。这种人可能会因为自我认同的不稳定，而被空虚感折磨，自信心低落，并执着于爱情。

即使小时候获得了充分的疼爱，也不一定能完全达到我们想

生气，也没关系：
成年人体面生气指南

要的程度。因为父母不可能满足孩子的所有欲望，所以任何人都会经历挫折。**我们只有经历适当的挫折，自我才会成长**，才能从父母身边独立出来。可是，当一个人小时候想要被爱的欲望没有得到充分满足时，长大后仍会非常渴望爱，并在与他人的关系中不断执着于爱。

得不到他人适当的关爱，就容易产生愤怒的情绪。无法融入团体、被周遭排斥的人很容易变得富有攻击性，比如在大街上挥舞刀子的随机杀人犯，绝大多数都是被孤立的人。

早期人类离开非洲丛林踏上草原生活，诱发这一动机的起因可能是食物不足。人类祖先很勇敢地离开丛林，但因为没有尖锐的牙齿和敏捷的双脚，所以很容易沦为掠食者的猎物。也就是说，当时绝种的风险很高。在为了生存的进化竞争中，人类祖先选择了与其他动物完全不同的策略，那就是建立族群，齐心协力地生存。

在草原上很容易被发现踪迹，因此人数越多越有安全保障。人类必须群居，才能有效对抗猛兽的攻击。为了阻挡掠食者的攻击，彼此必须相互合作，因此人类进化了大脑，并为了支撑大脑的重量而选择了直立行走。合作的需求不是为了攻击，而是为了保护自己。早期人类决定合作是因为他们太脆弱了。可以说，我们是因为身体脆弱而建立了族群的生存方式，并依靠智慧生存下来的祖先的后代。

早期人类建立族群、狩猎，一边对付掠食者的威胁，一边进化着。被族群驱赶的人会在草原上落单，最后成为猛兽的猎物，所以人类为了存活下来必须想办法留在族群里。因此，想获得他人认同与关爱的欲求也深深烙印在我们的遗传基因中，成了原始的欲望；而一旦我们不被他人所爱，就会爆发愤怒。

渴望爱的黑洞

大卫·芬奇导演的电影《消失的爱人》(Gone Girl)，讲述了某天突然消失的妻子与被怀疑杀害失踪妻子的丈夫间的故事。尼克（本·阿弗莱克饰）与艾米（罗莎蒙德·派克饰）是一对人人称羡的完美夫妻。可是在结婚 5 周年的当天早上，艾米却忽然消失得无影无踪。艾米是众人生活中的明星，是系列童话书《神奇艾米》的人物原型，因此这起知名人士的失踪事件也震惊了全世界。

随着艾米藏起来的结婚纪念日礼物——信件与日记本等被警察一一发现，丈夫尼克成了最有可能杀害妻子的嫌疑人。随着外遇等事实被众人发现，尼克逐渐被逼入绝境。这时，电影的情节出现了反转。原来，这一切都是妻子艾米精心设计的复仇大计。

艾米感觉到尼克在渐渐远离自己，因此怒火中烧。她不只要将尼克变成杀人犯，还要通过精密的计划让尼克被判死刑。

艾米为何会如此愤怒呢？畅销童话书《神奇艾米》的作者是艾米的母亲，书中的艾米可以做到现实中的艾米完全做不到的事情。母亲把应该在现实中对艾米表达的爱全部投注在书中的"艾米"身上，以至于现实中的艾米认为，自己童年时应该从母亲那里获得的关爱与认同，全被书中的"艾米"抢走了。

在为了找回艾米而召开的记者会上，虽然自己的女儿被绑架了，但是艾米的母亲完全没有痛苦或担忧的模样。她沉着地掏出字条，念着早已准备好的文稿："请帮我们寻找神奇艾米，请上神奇艾米网站帮助我们。"

比起呼唤帮忙寻找自己的女儿，她更像是在宣传自己的书。

为了找回被抢走的母爱，艾米在现实中必须成为神奇艾米。为了被人爱而努力减肥；为了扮演好温柔善良的情人、奉献牺牲的妻子等角色，她孤军奋战。但是，按照神奇艾米这一角色设定而生活并不容易，每当艾米想要被爱的欲望受到挫折时，她便会被愤怒笼罩，不知不觉地成了"怪物"。

脑科学研究表明，想要被爱是我们人类的基本欲求。美国加利福尼亚州立大学艾森伯格（Naomi Eisenberger）教授的团队曾发表论文宣称，**当人被排挤时，大脑会出现和身体疼痛时一样**

的反应。

研究人员让三名大学生玩传球的电脑游戏，而让另一名大学生设计程序。在受测者玩游戏或设计程序的同时，研究人员会利用功能性磁共振成像拍摄下他们的大脑反应。结果显示，被排挤的人（设计程序的人），大脑前扣带回很活跃，而这一部位也是身体感到痛苦时会被激活的部位。也就是说，大脑完全分不清楚身体本身的痛苦与受外界刺激而产生的痛苦。被刀子割到的痛和遭到拒绝时的心痛，在大脑里都是同一个部位掌管，这点真是令人惊讶！

当有悲伤难过的事发生时，人们会说："我的心好痛。"这样的说法原来并不是种隐喻。如果不被人爱，我们会感到心如刀割般的痛苦。这种痛苦会威胁我们的身心，所以大脑会响起警报，促使压力荷尔蒙被大量地分泌出来。为了让我们可以防备来自体外的攻击，压力荷尔蒙让身体启动战斗状态，借以提高紧张、警觉。因此，即使受到细微的刺激，我们也会出现暴怒等攻击行为。在人际关系中受伤的人，一样会出现和身体受伤时相同的攻击性行为。

在漫长的岁月中，如果一个人无法获得充分的关爱与支持，他的内心就会出现黑洞。自我会为了填补这个黑洞而奔波，执着于通过不真实或暂时的安慰来填补黑洞。但越是执着于爱情，越容易让别人疏远自己。一旦可以获得爱与同理心的资源消失了，渴望爱的欲求就会受到挫折，从而积累更多的愤怒；也因此容易为了小事而烦躁，并出现攻击性行为。

别人是无法填补你心中的黑洞的。我们必须思考自己擅长的事，寻找自己的优点，自己鼓励自己。比起因为别人不认同而感到失望，慢慢了解自己的心才是最重要的。也就是说，不要对他人怀有过度的期待，而应该思考自己真正想要的是什么。

不被他人操纵情绪使用说明

每个人都渴望被爱，但是最能填满这个爱的缺口的人就是我们自己；若只是渴求他人来喂养，那么我们所豢养的爱的黑洞会越来越大。

理智面对突如其来的羞辱

树敌的捷径是羞辱

对于金民俊科长来说，这是人生中最糟糕的一天。

"你是在无视我吗？为什么不跟我报告一声就随心所欲地处理事情呢？"经理不分青红皂白地大发雷霆。

"我上周已经跟您说了，经理您要我修改部分内容后再交给实际执行的部门。后来我看您没有再说什么，以为可以了，就马上交过去了。"

"什么？你凭什么随便交过去？要先给我看过修改的部分，等到我说可以之后才能交过去！你是经理吗？你是怎么做事的？"

在怒发冲冠的经理面前，别说解释了，金科长完全不知道该怎么办。经理是不久前从大企业跳槽过来的，他每项业务都要插手，想要掌控一切。而且，自从他听到"金科长很受属下信任，又是经理职位第一候选人"的传言后，他对金科长的态度就很不好。

"金科长，看来你也没有传说中那么能干啊？你就这点本事吗？还是你觉得，领多少薪水就做多少事？如果你对这份工作没兴趣，就去干别的！"金科长气得直发抖，在毫不掩饰、公开批评自己的经理面前，他真想大吼一声，但是却不敢真的这样做。

"是不是该辞职呢？经理一定会一直欺负我，要不我干脆和他对骂一场然后一走了之？不行，我没有拿得出手的能力，也没有什么存款，如果这样随随便便地离开，接下来的生活该怎么办呢？再说了，最近的就业环境又非常不好……"一想到自己的处境，愤怒的情绪就慢慢变成了羞愧。金科长的内心像是被庞然大物压住了似的，他觉得自己很凄凉，心情也跌到谷底。

公开批评与其说是批评，不如说是侮辱。当我们受到侮辱时，脸会变红并感到愤怒，尤其是有其他人在场时，如果被人大声骂，压力更会瞬间加剧。如果没有人在旁边看的话，就算被批评，也能马上忘得一干二净；但是在众目睽睽之下，被别人挑自己的错，批评就会变成侮辱，听的人会很愤怒，心中的烦闷也会越来越多。

被人批评自己的不是，有的时候会威胁到我们的"社会自我"。所谓的社会自我是指，"通过别人的眼睛看待自己所处的位置"，也可以说是"别人对自己的评价"。对于必须和他人建立关系才能活下去的人类而言，社会自我是非常重要的。**如果社会自我遭到威胁，我们就会陷入害怕无法获得他人尊重的恐惧之中，**害怕不会被爱、不被认同的不安感就会席卷而来。即使在这种情况下，我们只是遭到负面评价，也会如同完全被拒绝般惴惴不安。这时，我们会出现与生存受到直接威胁时一样的反应，比如攻击性行为，即发泄出愤怒。

侮辱引爆的强烈效应

这天，经理又大发雷霆，而且是在部门所有员工的面前。遭到这样的公开侮辱，金妍美当时非常想找个地洞钻进去躲起来。她心中的怒火逐渐沸腾，但是硬碰硬可能会遭到更强的反击。愤恨的心情再加上羞耻心，最后她忍不住掉下了眼泪。她躲到厕所里尽情地大哭了一场，可是内心的纠结还是很难解开。

金妍美是宣传科的科长，已在公司工作十二年了。她的企划或文书处理能力不太行，但是与记者们的关系不错，所以也自认为是一名老手。宣传科包括她在内有四位员工，这天，晨会结束后，金妍美将关于成立公司内部研讨会的企划案交给了经理。

"金科长，这些内容确认过了吗？"经理当场质问。

"啊！这个吗？我再去确认一次。"

"是吗？"

"其实是这样的，我原本想和企划部确认的，但是因为之前负责这个计划的员工说这些事项已经确认过了，所以我才没有再确认一下。"

"该死的其实、其实，别再跟我说这两个字！"

经理大吼着，并且让其他员工都离开办公室。

"你做事总是这种方式！一件事从不好好确认，问什么都回答'其实是这样的'。只要一叫你做什么事，就一定会失误，不是少做什么事情，就是做错什么事情。你这样做事，在后辈面前都不觉得丢脸吗？你这样当科长，还要我怎么相信你，把事情交给你做？"

接着，经理把金妍美的下属李主任叫了进来，说道："李主任，这件事交给你重新做。金科长把事情搞成这样，李主任你就要辛苦一点了。"

虽然没有先确认是她的错，但是经理揪着错误不放，还当着下属的面公开侮辱她，这可把金妍美气坏了。金妍美脸都气红了，她心跳加速，呼吸也变得急促起来。可是，在经理面前她什么话也说不出来。金妍美的心情久久未能平复，时间一点一滴地过去，她觉得自己的头痛到快裂开了。

侮辱性语言或行为对大脑会产生强烈的刺激。大脑会明确区分出偶然发生的事情和刻意发生的事情，当大脑判断当前别人针对你的行为或语言带有恶意，就会出现强烈的反应。如果开车途中听到恼人的汽车喇叭声而产生压力的话，体内的压力荷尔蒙会持续上升40分钟左右；如果有车突然插到你的前面，或是后面行驶的车突然开大灯、按喇叭的话，压力荷尔蒙会分泌得更多，也会持续得更久。当别人对自己的批评成为压力时，压力荷尔蒙会分泌一个小时以上。

侮辱与批评都会对身体产生不良影响，例如当上班族遭到领导的过分批评时，他们罹患心血管疾病的概率会比常人高出30%左右。一份针对护士的调查结果也显示，如果护士长很爱批评下属，那么护士在面对护士长时，血压会上升近10%。同样，也有研究结果指出，相较于职位高的人，职场内职位低的人患有心血管疾病的风险要高出4倍之多。

果戈理的短篇小说《外套》（*The Overcoat*）充分展示了侮辱的强烈毒性。主人公阿卡基·阿卡基耶维奇是一名普通的文官，某个冬日，他穿了很久的外套被磨破了。他下了很大决心买了一件新外套，但是第二天就遇到了强盗，新外套被抢走了。因为那件新外套是阿卡基省吃俭用好不容易才攒钱买的，所以他抱着誓死的决心要找回它。阿卡基找到警察局局长和负责的官员，却遭到了蔑视。官员打断了阿卡基的陈情，并要赶走他。

"什么什么，你说什么？你在说些什么乱七八糟的？……你知道现在站在你面前的人是谁吗？知道吗？知道吗？我在问你话！"

不知为何被痛骂一通的阿卡基像失了魂一样，跟跟跄跄地离开了那个地方。他冒着暴风雪艰难地回到了家，还因此得了咽喉炎，持续高烧不退，最后久病缠身去世了。

曾有研究结果指出，人类能感受到的最强烈的刺激就是侮辱。荷兰阿姆斯特丹大学的玛特·奥腾（Marte Otten）和凯·乔纳斯（Kai Jonas）教授的团队对感受到侮辱时的大脑进行了反应测试。研究团队先将受测者分成三组，让他们各自阅读不同的内容，并想象那个画面。内容分别是：

"当你不在时，室友在房间里开派对，把房间弄得一团糟。"

"你觉得很有魅力的对象也喜欢你。"

"第一次去见网络上约会的对象，对方瞄了自己一眼就转身离开了。"

这些分别是会让人生气、感到幸福与感受到侮辱的情形。

研究团队借由监测三组受测者的脑波，测量他们感受到的情绪及情绪强烈程度。结果显示，受侮辱的感觉会比愤怒更负面、更强烈，同时也比感到幸福更加强烈。比起愤怒的情况，大脑处理被人侮辱时的负面情绪时更活跃。而且，比起其他情绪，被人侮辱更能刺激大脑，可见大脑有多么讨厌被人侮辱。

受到侮辱的人不仅内心会受伤，也会因为大脑过度反应而变得容易愤怒。当然，自尊心的强弱会影响我们对侮辱的敏感度，这也是有时候我们需要迟钝一点的原因。被侮辱的感觉比其他任何情绪都要来得强烈，因此当我们感到被羞辱时，便很难抑制被点燃的怒火。**如果侮辱他人，与那个人的关系就会跟着瓦解。可以说，侮辱是把对方变成敌人的最简单的方法。**

第3章

"内在小孩"掌控你的情绪，
也潜藏你的福祉

我们需要好好检视内心停止成长的小孩是不是想要获得认同和支持。这个世界上没有完美的人，我们必须接受自己真实的一面。就算自己有很多缺点，也请认同那个还不错、原原本本的自己吧！

人生中最重要的人，就是自己

不要将对自己的愤怒投射在别人身上

电影《尚衣院》（*The Royal Tailor*）描述了为朝鲜王朝王室成员制衣的故事，展现了深藏在人类内心深处的自卑感。该电影的内容以朝鲜王朝时代的服装为主题，并以隐藏在人类内心深处的卑劣与丑陋为中心展开情节。

尚衣院在朝鲜王朝时代是负责制作王室服装的机关。曹石锡（韩石圭饰）三十年来一直负责制作王室服装，是王室最具权威的针匠。再过六个月，他就能成为梦寐以求的贵族了。可是有一天，王妃（朴信惠饰）与下人一起修补国王的礼服，却因为不小心让火烧坏了礼服。心急的王妃派人将宫外盛传很会做衣服的李孔镇（高洙饰）招到宫中，让他制作国王的礼服。令人惊讶的是，李孔镇仅在一天之内便完美地做出了国王的衣服。突然冒出来的缝衣匠李孔镇令曹石锡感觉自尊心受到了伤害。虽然曹石锡因为李孔镇只是个为妓女做衣服的家伙而瞧不起他，但内心深处的自卑感与嫉妒心却蠢蠢欲动，并慢慢地浮现出来。

被嫉妒蒙住双眼的曹石锡，设下阴谋，陷害李孔镇致其入狱，但事后又十分可惜李孔镇的天赋，因此前去找他。

"都是你那傲慢的态度，还有你那傲慢的衣服，才造成现在这个结果！"曹石锡对李孔镇说。

但是，李孔镇的回答却更加刺激了曹石锡的自卑感，他说："不是因为我傲慢的衣服，而是御用针匠大人您，您的恐惧害我们变成这样的。"

听完这席话，曹石锡的愤怒一触即发："我的一生都贡献给了制衣这一件事，可是你这家伙，却在一瞬间就毁了我拼尽全力得到的一切！"

李孔镇反问他："可是，你的一切被抢走了吗？"

国王（柳演锡饰）因已逝的先王兼王兄而感到自卑，一直深受自我内心的空虚之苦，直至最后才发觉王妃对自己的爱。而在得知王妃的心中已经有了李孔镇后，国王妒火攻心。拥有权力的人在感到嫉妒和自卑时会引发极端愤怒，导致暴力行为的产生。

故事的最后，曹石锡把李孔镇做的衣服全部烧了，而国王则下令斩首了李孔镇。

自卑感会转变成愤怒并被发泄出来。严重自卑的人在小事上也会受伤，被自卑感束缚的黑暗自我就像是地雷一样——因为总是觉得自己毫无价值，所以一旦意识到这点就会暴怒。

自卑感源自缺乏关爱的童年时期。如果一个人没有被好好关爱，就无法感受到自己是个有价值的人。只有感受到足够的同理心、关怀、称赞与认同，自尊心才能好好成长。如果缺乏关爱，内心会把自己降低成没有资格被爱且毫无价值的人。

自卑的人会经常吹嘘自己，但越是这样，"现实中的自己"与"理想中的自己"的距离就会越来越远，自卑感也会更加严重。对自己的愤怒会投射在别人身上，因为无法承受这样的自己，所以需要找一个能降火的出气筒。"投射"是一种减少自卑的防御机制，无意识地将不满意的部分丢给别人，仿佛这一瞬间就能不讨厌那个不足的自己。但如果一味在意别人眼中自己的缺点，就永远无法从自卑感的束缚中解脱出来，无法看见自己的长处。对别人发脾气的行为会折射出自己无能的一面，因此那把伤人的利箭也会随时飞回来转而对着自己。

《美国精神病人》（*American Psycho*）描述了在金钱至上的冷漠社会里，表面看似正常的人却做出违背常理之事。电影里的主人公试图通过虚伪与伪善来掩饰自己的自卑，但内心却备受痛苦的煎熬，难以平抚。

帕特里克·贝特曼（克里斯蒂安·贝尔饰）是一家位于纽约华尔街中心金融公司的 CEO，他继承了父亲的公司，过着衣食无忧的生活。他每天必做的事就是穿最高级的西装、戴最贵的饰品，去健身房以及吃各种保养品。他借由对方是否能在很难预约的高级餐厅吃饭，以及对方的衣着和眼镜等的品牌来评价对方的价值。

一天，帕特里克无意中发现，他的朋友保罗竟然是连自己都预约不到的高级餐厅的常客，保罗不但能成功预约到那家餐厅，甚至还能拿出比帕特里克更高级的名片。这一切激发了帕特里克严重的自卑感，充满敌意的帕特里克把保罗诱骗到自己的公寓，残忍地杀害了他。

其实，帕特里克的日常生活与脱轨的行为相差甚远，他对自己一向要求严格，一起床就运动，洗澡时会依照顺序使用洗护用品，吃东西时会刻意不饱食以保持体态。这样的生活习惯缘于从小受到的父母严厉的管教。帕特里克家境优渥，父母对他的期望很高，从小就要求他"必须"是最优秀的；当无法满足父母的期待时，帕特里克内心的自卑就会不断蔓延滋长。比起给予孩子充足的疼爱与关怀，帕特里克的父母更注重对孩子的严厉要求，不容许他有一丝错误。因此，帕特里克的自卑感越来越严重，最终演变成了有被害妄想症、对他人充满敌意的人。尽管帕特里克身处充满精英分子的富裕阶层，但是只要他觉得别人比自己更厉害，就会瞧不起自己。这种自卑感会变成敌意与愤怒，而愤怒又会转变成暴力，最终导致了杀人行为。

好好检视内心停止成长的小孩

童年时期缺少父母的关爱会化为自卑感伴随着一个人的成长，因此这种自卑感很难在短时间内克服。陷入自卑感并不是自己的问题，不论是缺乏爱还是欠缺认同与支持，都与周围的环境息息相关。禁不起挫折的"内心小孩"会停止成长、产生自卑，即便长大成人后，每当有心事解不开时，"内心小孩"便会冒出来操纵自己。我们必须好好照顾这个"内心小孩"，让他长大。换句话说，我们应该通过获得支持与认同，尽可能让自己走出自卑的隧道，找回自信心。这不是一朝一夕就能做到的事，需要一段成长期，也就是说，至少需要五年以上的时间。

当被自卑困扰时，我们需要好好检视内心停止成长的小孩，看看他是不是想要获得认同和支持。我们必须接受自己真实的一面。这个世界上没有完美的人，每个人都有欠缺，只是程度不同。有的人只要看到他人的优点就会感到自卑，一旦和别人比较就更没完没了。可是，这个世界上比自己聪明、一帆风顺又拥有好背景的人多得是。就算自己有很多缺点，也请认同原原本本的自己吧！要学会关爱自己、安慰自己。

没有人会随便评价一个人，大部分人会仔细观察后再谨慎发言。如果喜欢对方，就更不会说出负面或贬低对方的话。可是，我们该如何对待自己呢？对最应该去爱、去珍惜的自己说："你真是没魅力、没能力，是一个失败者。"可能很多人都会这样吧？如果自己都不爱自己，那么也不会有别人来爱你。自己是最没有理由可以随便对待自己的人。**我们必须像对待自己最爱的人一样，温暖又温柔地对待自己。因为在自己的人生中，最重要的就是自己。**

你至少每天要称赞自己一次。请试着挑出当天做得很棒的事情，称赞自己。好好地想一下，就会发现自己也是有优点和能力的人。如果你仔细观察，会发现很多值得称赞的事。例如，你可以这样称赞自己："我很会倾听其他人说话，我很努力地关怀别人，我工作时会竭尽全力。"

作家金励岭的小说《格斗少年，菀得》（台湾上映电影名称：格斗骄阳）主人公杜菀得家境贫苦又很孤单，他住在贫民窟的顶楼，又不爱念书。他的爸爸患有侏儒症，每天靠在舞厅里跳卡巴莱舞赚钱，妈妈早已离家出走。总是跟着爸爸的民九叔叔是个有口吃又有点傻的人。好在菀得有一件擅长的事，那就是打架——是他小时候等爸爸下班时跟流氓们学会的。菀得为了隐藏自卑，时常与人打架，他靠挥舞拳头来掩饰内心的孤单与脆弱。

偶然的一次机会，菀得接触到自由搏击，从此深陷其中。他通过这项运动逐渐将总是困扰他的贫穷、缺乏母爱、努力隐藏的自卑感等一一放下，渐渐抓到了生活的重心。即便是在快令他窒息的环境下，菀得也变得很有自信心。虽然他还是什么都没有，家人也不会有什么改变，但是他不再气馁了。不只是环境改变了，面对关心他、照顾他的班级老师和周遭的朋友，菀得开始敞开心房。他的自卑感也一点点地消失了。

菀得曾这么谈到自己的自卑："爸爸和我都有自卑感，这自卑感养育了我爸爸，现在也在培养我。自卑感这家伙，隐约好像在让人更加努力地生活。"

不想一辈子被自卑控制，想要摆脱自卑的枷锁，就请将自卑转化为成长的动力，把自卑当作动力去努力、去追求自我成就。爱因斯坦和爱迪生都曾饱受自卑之苦，但是他们最后都克服了自卑，并获得了伟大的成就。

 不被他人操纵情绪使用说明

　　我们必须像对待自己最爱的人一样，温暖又温柔地对待自己。因为在自己的人生中，最重要的就是自己。

该在乎的在乎，
不该在乎的千万别纠结

不安的嫉妒

莎士比亚的四大悲剧之一《奥赛罗》（*Othello*）是一部描写人类爱情与妒嫉的作品。威尼斯公国的元老议员之女苔丝狄蒙娜不顾父亲的反对，要与勇猛的黑人将军奥赛罗结婚。为了让这两个人分开，一场阴谋上演了。这场阴谋的幕后指使者正是奥赛罗的直属部下伊阿古。伊阿古是追随了奥赛罗十年的旗官，他因奥赛罗不提拔自己而是提拔凯西奥成为副将而怀恨在心，所以就筹划了这场诡计想除掉奥赛罗。

伊阿古先是灌醉凯西奥，使其意识不清，借机害凯西奥被撤职；接着，他利用苔丝狄蒙娜号召大家支持凯西奥复职一事，捏造苔丝狄蒙娜与凯西奥私下见面的消息。伊阿古的最后决定性一击，是将奥赛罗送给苔丝狄蒙娜的手帕偷出来，偷偷地放在了凯西奥的房里。

曾经至死不渝的爱情瞬间变成了嫉妒，奥赛罗妒火中烧，把苔丝狄蒙娜掐死在床上。当一切被揭穿全是伊阿古的诡计时，奥赛罗禁不住悲痛与悔恨，选择自我了断。因此，人们后来将被伴侣出轨的人由于深受嫉妒妄想之苦所产生的种种症状称为"奥赛罗综合征"。

感情间的嫉妒，是诱发愤怒的常见因素之一。彼此相爱的两个人，最应该小心翼翼处理的情绪就是嫉妒。嫉妒，有时候可以用来确定别人对自己的爱，有时候也可以作为吸引别人关心的手段；但如果是因为疑心而产生的嫉妒，则可能成为伤害别人的致命情感。

进化心理学家认为，嫉妒是人类为了留下后代而不断演变、进化出来的情感。在原始社会，处处都有危险，男性由于无法确定与女性共同养育的子嗣是否为自己的后代，在这种无法确认孩子血缘的情况下，养育孩子的责任就成了一种机会成本，可能造成自己重大的损失。因此，为了阻止、降低女性外遇的可能性，在进化的同时，男性的嫉妒情感也逐渐增强、巩固。女性也一样。如果伴侣同别人生下小孩，就会瓜分经济资源，使得女性因为新出生的孩子而导致生活资源变少，生存受到威胁，因此激发出嫉妒的情感。所以说，嫉妒已经在人类的进化过程中根植进遗传基因里了。

嫉妒不只存在于两性之间，而是人类普遍拥有的情绪。已经可以控制便溺的孩子，却在弟弟妹妹出生后突然开始尿裤子，出现这种退化现象的原因正来自于嫉妒。孩子原本独占着父母的爱，然而比自己晚出生的弟弟妹妹却抢走了这份爱，那么他就可能因为嫉妒而产生行为退化现象，或是出现对弟弟妹妹的攻击性行为。

被大脑视为疼痛的羡慕

如果说嫉妒是害怕自己的东西被抢走，那么羡慕则是非常渴望别人拥有的东西。羡慕是我们经常会遇到的情绪之一，韩国有句俗语叫"看到亲戚买地，就羡慕到肚子痛"；该有多羡慕别人，才会出现这种"能忍住肚子饿，却忍不住肚子痛"[1]的笑话呢？

1　能忍住肚子饿，却忍不住肚子痛：原是指穷人可以忍得住肚子饿，却无法忍受官僚、贵族等用不正当的方式取得土地等资产；人们对这些行为很不认同却又非常羡慕、嫉妒，矛盾的内心下造成类似肠躁症的肚子痛。现在比喻看到别人顺利、成功时无法高兴，反而产生嫉妒、羡慕的心理。

在历经朝鲜王朝时期的压抑、殖民时期的掠夺和战后时期的独裁后，追求平等的情绪便深植韩国人的心中；再经过激烈的现代化发展与经济跳跃式增长期[1]的淬炼，"平等"的信念更是深入人心。

比起脚踏实地努力赚钱，不少人更相信只要靠着各种特权与关系，就算不努力也能快速致富。当大家发现有人用这种作弊的方式过着更好的生活，就会愤怒与不满。

认为"我没有任何理由要过得比别人差"是韩国人特有的平等意识；对平等有高度渴望的韩国人，羡慕别人的心也非常强烈。从小，兄弟姐妹之间就会比较谁能获得父母更多的关爱，并因此而互相竞争，在这个过程中便会产生羡慕。看到别人拥有自己没有的财富或才能而出现的不开心的情绪就是羡慕，而羡慕正是来自于比较。

在莎士比亚的作品《恺撒大帝》（*Julius Caesar*）中，卡西乌斯曾用一些话来煽动布鲁塔斯："恺撒到底算什么？为什么他的名字要比你的名字更发光发亮？你试着把这两个名字写在一起，布鲁塔斯和恺撒！你的名字果然更美。再试着称量两个名字的重

1　经济跳跃式增长期：韩国 20 世纪七八十年代。

生气，也没关系：
成年人体面生气指南

量，你的名字也更重，不是吗？再试试用这两个名字当作咒语呼唤，布鲁塔斯也是能像恺撒一样快速招来鬼神的！我以众神的名义问你，恺撒究竟吃了什么肉，居然长这么大呢？"

羡慕会给我们带来痛苦，日本国立放射线医学综合研究所的研究团队曾做过一个实验，研究人员让受测者想象一位比自己地位更高的人，并拍摄下他们的脑部影像。当受测者谈到羡慕的对象时，前额叶皮质会活跃起来。当身体受伤或产生痛苦的情绪时，前额叶皮质同样会被激活。我们的大脑竟然将羡慕视同痛苦，太不可思议了。如果说心痛全是因为对方拥有了一切，那么促使这种心痛的羡慕之情被表达出来的，便是愤怒。

将视线聚焦于自己

羡慕可以说是一种相对的情绪。令人感到意外的是，即便是拥有很多东西的人，还是会因为缺少某一样而羡慕别人到很痛苦的程度。这是因为他们的视线朝外，被羡慕蒙蔽了双眼，看不到自己的成就以及所拥有的一切，只看得到自己缺少的东西。

想让羡慕他人的人改变视角，就要挑出他们已经拥有的东西给他们看。如果他们慢慢地观察，就会发现其实自己拥有很多东西。**收起只盯着别人看的视线，尽可能地看着自己，这就是战**

胜羡慕的第一步。

每个人的外貌、气质都不一样，天生的条件和各自的责任也不同。不是说拥有更多财富、享有更高地位的人就一定更幸福，幸福始于不和他人比较。一直与他人比较，不仅不会让自己变得更好，还会增加不幸。请接受社会上每个人的角色与责任皆不同的事实吧！**不要听从渴望别人东西的欲望，而要好好倾听自己内心的声音，这是放下羡慕、走向幸福的捷径。**

有趣的是，我们的大脑其实可以理性地处理羡慕。以色列海法大学的研究团队曾分析过处于羡慕情绪中的受测者的脑部影像，结果发现，联结边缘系统和前额叶的部位活化度很高。

在原始的边缘系统产生的羡慕向理性中枢的前额叶传递信号，边缘系统仿佛在呼喊："呀！前额叶！那家伙有法拉利，我也想要一辆，该怎么办？"

前额叶判断情况后会再传回信号："有辆法拉利就会更幸福吗？那只是一时的幸福而已。你不特别缺什么，不要太贪心了！"

像这样运用前额叶的话，就可以调整羡慕的心态。

爱与别人比较的习惯会侵蚀自己的心灵，让自己变得不满足，被慢性压力缠身。尽管自己做的事情已经成功了，却总是和做出更大成就的人相比，自己终究不会开心。请试想，有谁能永远停留在成功的巅峰呢？

成就或物质财富并不能等同于幸福。

幸福不是外在条件，而是我们自己的选择。我们不是在做给别人看，而是要努力找出自己内在的价值是什么。满足是来自内心的满意感，如果我们能专注于现在，享受每一个当下，压力自然会消失。享受在阳光下漫步公园的现在，凉爽的风围绕在身边，湛蓝的天空映在眼中，试着聆听叽叽喳喳的鸟叫声和风声，幸福便自然会找上门来。

心理学家罗尔夫·豪布尔（Rolf Haubl）将人类感到嫉妒时出现的反应分为愤怒、沮丧与野心。"充满愤怒的嫉妒"不仅会啃噬对方，也会吞噬自己，是所有反应中最不健康的；另外，当自己没有而对方却正当地拥有自己羡慕的东西时，人会出现沮丧的反应——因为知道自己没有能力拥有，所以即使无能为力，却不会对他人感到愤怒。

充满野心的嫉妒则是真心认同对方，并在为了成为那样的人而努力时出现的情绪。因为相信自己也有能力获得想要的东西，进而去竞争，化愤怒为奋斗的力量。因嫉妒而生成的野心，是能将嫉妒心升华为提升自我的动力的正向反应。

● **不被他人操纵情绪使用说明**

> 不要听从渴望别人东西的欲望，而要好好倾听自己内心的声音。这是放下羡慕、走向幸福的捷径。

儿时的匮乏与来不及长大的我们

有些性格的人很容易生气，无法控制冲动，这是因为他们的"自我功能"不够健全。自我功能不健全，会使得他们不太懂得忍让。

自我功能指的是在自我本能与社会规范之间调整的能力，通常是在童年时期经历的可承受的适当挫折中发展出来的。

如果父母从头到尾都帮孩子做好所有事情，又没有给予孩子适当的爱与关心，那么当这些孩子遇到严重挫折时，自我功能就会停止发展。一旦自我功能变得脆弱，控制冲动的机能就会出问题。拥有过度戒心、自恋性格的人便属于这一类型，他们无法控制冲动，小小的刺激也会使他们暴怒。

生气，也没关系：
成年人体面生气指南

自恋——渴望被爱与认同

任何人都会爱自己，"自爱"是所有人都拥有的本性。一个人必须有健康的自爱，才能在遇到难关时也能自我安慰，保持自信心。但是，如果一个人拥有病态的自爱，就会出现问题。

快 40 岁的美兰是个很有名的证券分析师，她从小就到美国留学，就读于上流社会的寄宿学校，后来又顺利从常春藤名校毕业。学生时期的美兰只和家境很好、生活富裕的朋友相处，并始终认为自己是最顶尖的。大学毕业后，美兰攻读了知名大学的 MBA 课程，之后在华尔街的金融公司上班。几年前，她被韩国证券公司挖角，回到了韩国。

美兰总认为自己是最优秀的，所以十分专注于工作，致力成为人人认可的基金经理人。但实际上，同事们都觉得美兰只是个自以为是又讨人厌的家伙，对她厌恶到不仅中午不和她一起用餐，甚至连平时的聚餐也不邀请她一起参加。大家排挤美兰的情形越来越严重，美兰也越来越烦恼。最近一次定期的人事变动，美兰又被宣告升迁失败。她气急败坏，气愤地向公司丢出了辞呈。

美兰的母亲在生下美兰的妹妹后便患有产后抑郁症，所以美兰在外婆家生活过一段时间。外婆家算是富裕，美兰想要什么外婆都会买给她，可是家人间缺乏对话与精神上的支持，外公外婆总是要求美兰一定要成为一个优秀的人。回到家后，有严重抑郁症的母亲也无法好好照顾年纪还小的女儿，所以美兰总是觉得孤单、不被人爱。

于是，想要隐藏内心伤口的美兰开始假装自己很厉害，她觉得一定要出人头地才可以让大家对自己感到满意。美兰开始执着于成功。被同事们排挤，美兰觉得是因为自己太厉害才被大家仇视，所以只要一逮到机会，她就会肆无忌惮地挑同事的毛病，并且大发脾气。这样在意工作表现的美兰却在升迁的路上受阻，好不容易维护住的自尊也崩塌了，因此她内心的愤怒彻底爆发了。

拥有自恋性格的人会对自己的能力拥有超乎现实的自信心，不仅有满满的出人头地的欲望，而且有可能为了成功不择手段。这种性格的人会以自我为中心去思考所有的事，努力吸引周围人的关心与尊敬，并且自命只跟社会成功人士或知名人士来往。**他们通常会表现得很傲慢，但在傲慢的面具下隐藏着的是一颗非常脆弱、容易爆炸的自卑心。**他们傲慢的态度只是一个保护罩，是为了不让大家发现自己的不完美。他们不幸福的因素之一是无法爱上其他人。拥有自恋性格的人是不会对其他人感兴趣的，因为他们会把所有的精力倾注在自己身上。他们的同理心较一般人低下，不太会关怀他人，并且有为了自身利益利用他人的倾向。

生气，也没关系：
成年人体面生气指南

但他们本人不太会认知到这一事实，而是理所当然地行事。

拥有自恋性格的人会认为大家必须特别对待他，因此当自己遭到与他人同等待遇或感到被疏忽时，可能会发出超乎常理的怒火。他们就连小小的批评也完全不能接受，因为他们认为自己是完美的人。被他人批评时，他们会先生气而且很难承认自己的过错，是属于小错也不会承认又非常脆弱的类型。

"公主病""王子病"正是自恋个性的体现。现在的家庭中，不少父母选择只生一个小孩，并且让孩子在过度保护下长大，这就有可能让孩子养成自恋的性格。父母不重视孩子的养育问题而导致孩子没能获得适当的照顾，会给孩子带来不被人爱的伤痛以及想要隐藏自卑的反作用力，从而造成孩子的自恋性格过度膨胀，使他们发展成自恋性格的人。

戒心——害怕被拒绝与被抛弃的恐惧

丹（迈克尔·道格拉斯饰）是一名很有能力的律师，家庭关系也很和谐。有一次，丹偶然在派对上遇到了一个女人——出版社主编艾利克斯（格伦·克洛斯饰）。几天后，被艾利克斯的妖艳魅力吸引而内心动摇的丹，趁着妻子回娘家，与艾利克斯度过了激情燃烧的一晚。对丹来说，这只是一时兴起的一夜情；但对艾利克斯而言，一切才刚开始。

艾利克斯把只有过一夜情还完全不熟悉的丹视为理想对象，以此填补内心的空虚感。梦想着与丹拥有一段热烈感情的艾利克斯，丹一离开便发疯似的纠缠他，不停地打电话给他，甚至辱骂他。后来，艾利克斯谎称自己怀孕了，哀求丹回到自己身边。当这些疯狂的行为都失效后，爱马上转化为愤怒，艾利克斯决心报复抛弃自己的丹，她跑到丹的家里，殴打丹的妻子。最终，艾利克斯以死亡结束了这种疯狂的偏执。

电影《致命诱惑》（Fatal Attraction）的女主人公艾利克斯就是拥有戒心的代表人物。这种个性的人经常会寻找能满足他们空虚与爱的对象；一旦遇到可以满足的人时，他们会坚信对方是自己的理想伴侣，并死缠烂打。最终，对方会因为他们疯狂的感情与过度的期待而感受到巨大的压力，并与他们保持距离。

拥有戒心的人会因为害怕被突然抛弃，从而死命地缠住对方，或是以死相要挟来控制对方。他们害怕被拒绝、被抛弃的恐惧已生根于心，觉得对方必须花心思在自己身上，必须满足自己的要求；一旦他们察觉到一丝拒绝之意，便会疯狂纠缠。当他们感觉到被抛弃时，情绪就会完全爆发。

拥有戒心的人往往无法控制好自己的情绪，只要一不合心意或者稍微受点伤害，就会摔东西出气或者骂人；他们的**情绪起伏**

非常大，也很善变，常常会突然喜欢一件东西，又突然很讨厌这件东西。

人人都会有喜好，偶尔也会对事物有不好不坏的中间程度的评价。但是对有戒心的人来说，很多事情是没有中间值的，他们常常会极端地评价事物。愤怒常驻他们心中，即使是一件小事也会引发怒火。他们露出冷漠的态度，说难听的话，不分对象地进行攻击，都是源自内心的害怕。

偏执——不相信任何人的不安

有些人很容易对外在的事物充满疑心与不信任，因为无法相信其他人，所以一直害怕被别人欺骗或利用。他们的个性相当敏感，总是对别人抱持警戒；因为不知道自己何时会受骗上当，因此认为所有人的行为都有所图。他们也常觉得自己遭到了不合理对待，即使是与自身无关的事，也觉得自己深受其害。只要稍微觉得被人无视了，就会怀恨在心；一旦怀恨在心，便很难解开心结。他们个性很冷淡，做事不知变通，也不太能开玩笑。

拥有偏执个性的人会因为不相信爱或不相信别人，而习惯利用权力或蛮力来管人。他们将人际关系视为上下关系或权力关系，对于权力与地位有强烈的执着。他们很擅长权谋，因为思维缜密而出人头地的也不少；尤其是对他人敌意达到巅峰或想要除去对手时，他们会将这种特质发挥得淋漓尽致。

一个人在成长过程中若无法获得父母充分的关爱，就会养成不太相信其他人的个性。**如果童年时期无法从他人身上感受到信任，就很难对他人产生信赖。**听到的批评比称赞更多的孩子，会让批评的声音在他们内心占据一块位置。即使长大成人后，也会一直觉得"这些人只是想利用我，给我难堪"。他们会强压内心批评的声音，并把这一过程中产生的愤怒投射在其他人身上，敏感又好辩。

强迫——不容许被质疑与侵犯

50多岁的上班族朴先生，能力非常强，是同时期进公司的人中最快升到理事位置的。当公司经营困难时，他二话不说就主动离开了已经任职将近三十年的公司。转职到中小企业当顾问的朴先生，从前公司收到的慰问金不少，一直以来存的钱也够用，不必担心晚年生活。但是，突然多出的一大堆时间，让他很混乱，不知道该怎么安排。

以前，不论是重大节日还是平日的周末，朴先生都不曾好好休息过，他是个严重的工作狂，也是下属们最害怕的上司。只要大家的桌子没有对齐或是桌子上很杂乱，他便会大发雷霆。如果下属交上来的文档格式稍不符合他的工作习惯，他就会马上退回去。朴先生是个完美主义者，也不懂得通融，这让下属们都快喘不过气来了。如果有人对他稍微提出异议，他就会认为是在顶撞他，这样使得大家什么话都不敢对他说。

朴先生拥有完美主义倾向的强迫个性，这种个性的核心是控制欲。要求别人也要按照自己的风格行事，如同严格要求自己般地对待他人。他们关心的是支配与服从，对人际关系中谁具有主导权一事相当敏感，所以比起平等的关系，他们更习惯支配与服从的上下级关系。**这些人非常在意周围人的批评，偶尔会纠结不重要的小事，从而造成效率降低。这时如果有人批评他们，会被认为是在嘲笑他们，从而促使他们情绪的爆发。**

拥有强迫个性的人会要求自己每件事都做到完美，他们会有属于自己的计划，不容许其他人侵犯他们的领域。只要有人破坏自己的计划，他们就会暴怒。如果事情无法按照他们的计划进行，他们就会控制不住不安与怒火，并且怪罪于他人。

第 *4* 章

. . .

你有权表达愤怒，
生气也没关系

. . . . ✳

如果想要调节愤怒，我们最先需要学会的就是察觉情绪信号的方法。难以区分情绪的人，往往也难以准确表达自我的感受，在与他人沟通协调时便会遇到问题。

别小看你自己，你本来就很强大

情绪存在的必要

阿道司·赫胥黎（Aldous Huxley）的小说《美丽新世界》（*Brave New World*）中，他给那些情绪有问题的人开了一种叫作"索麻"的灵丹妙药。

"你今天看起来特别郁闷，请说说看有什么事。就我看来，你现在需要的是一克的索麻。"接着，柏纳德操纵杆伸进裤子右边口袋，掏出一个药罐。只要一颗索麻，就能控制十种情绪。

索麻究竟是什么样的灵药呢？如果有人深受自责、恐惧和绝望之苦，索麻可以帮助他消除这些痛苦，让所有的情绪消失。可是，如果喜悦、快乐等情绪也一并消失，那么我们还会感觉到幸

生气，也没关系：
成年人体面生气指南

福吗？如果情绪都消失了，我们就不会再被卷入激烈的情绪之中，生活会很平静，我们也能一直保持冷静。但是感觉不到情绪的人也会感觉不到恐惧，如此一来生命会受到威胁；对其他人不关心，则无法建立人际关系；意欲和兴致都消失了，也就无法去开始或结束一件事情。

研究情感与情绪的著名大师安东尼奥·达玛西奥（Antonio Damasio）博士指出，**情绪是做出决策时的必要条件**，也就是著名的"艾略特（Eliot）案例"。艾略特是位年约40岁的成功企业家，他不但天资聪颖，执行能力也很强，仿佛能把所有的事情都处理得近乎完美。艾略特的公司原本很稳定，业绩扶摇直上，但有一天突然遭受重大损失而导致破产。这一切都归咎于艾略特的错误决策。以前的艾略特是不可能做出错误决定的，而自从他接受脑部手术后，导致前额叶部分受损，他的行为与思考模式开始与之前不太一样。

手术后的艾略特，就算面对令人惊慌的提问仍会保持和蔼的笑容。他总是保持着微笑，这让他人感到不解。对于初次见面的人，艾略特也完全没有警戒心，会轻松地亲近对方。公司倒闭后，妻子也离他而去，艾略特却没有因此萎靡不振；即使生活土崩瓦解，他也没有被愤怒或忧郁等情绪笼罩。

这一切都是因为手术使大脑受伤，艾略特自此丧失了情绪认知的能力，无法分辨喜好或厌恶，也难以感知其他人的反应，以至于他持续做出错误的判断。值得一提的是，经检测发现，艾略特的智力水平并没有因为手术而下降，他的智力与记忆力水平仍同受伤前一样。

从艾略特的案例中我们可以发现，**情绪是如此重要，即便是那些可能令我们感到不舒服的情绪，都有它存在的必要性。**一个人如果无法感受到情绪，便很难做出正确的决策。情绪是使人动起来的最强动力，因为情绪比理性更原始，更能左右人的思考与行动。尼采曾说："人类可以保障自己的行为，却无法保障自己的情绪。"情绪的运作与意志无关且变化万千，但只要我们愿意，就可以进入情绪的内在，一边努力感受情绪的信号，一边进行区分情绪的练习。

察觉情绪信号

美国作家威廉·保罗·杨的小说《小屋》(*The Shack*)描述了一位因失去女儿而愤怒、绝望的父亲，借由爱与宽恕来治愈创伤的过程。有一天，失意的父亲收到一封陌生人的来信，邀请他到四年前女儿被绑架遭杀害的小屋。这位父亲一想到小屋就会全身打冷战，接着感到极度的愤怒。

他整个身体都僵住了，呕吐感像海浪般席卷而来，马上又转变成了愤怒。他刻意不去回想小屋的事，就算突然想到，也完全没有任何美好的回忆。如果是有人故意开这种没品的玩笑的话，他真的会狠狠地打对方一顿。……不知是不是因为肾上腺素分泌过度的原因，他身体出现强烈的反应，就像是踩到了放置在丛林里的捕兽夹一样抽动着，自己的双脚往前迈动的画面就像慢动作一样清晰。……瞬间，世界变得一片漆黑。他在失魂落魄的状态下瘫倒在地，冷冰的雨滴打在他那气红的脸上，他的双眼瞪着天空。

情绪不是存在于脑中，而是存在了我们的身体里；是因为身体感觉到了，所以我们才会感觉到情绪。威廉·詹姆士曾这么形容——情绪即感觉。情绪可能会把我们推向极度兴奋的状态，也可能让我们坠入痛苦的深渊，还可能让我们犹豫不决、坐立难安。**如果想要调节这些情绪，最先要学会的就是察觉情绪信号的方法。**

"我的内心不断翻腾，好像快爆炸了。"

"我的脸开始变红，呼吸也变得急促。"

"衬衫下的肌肉紧绷起来，看起来快爆开了似的。脸也渐渐变红，额头冒出冷汗。"

这些都是情绪发出的信号，会通过大脑自住神经的运作使我们下意识地做出身体反应。心跳加快、呼吸急促、全身处于紧张状态，都是为了帮助我们判断当下的情绪感受。你也可以想一想，当自己悲伤、开心、害怕或感到绝望时，身体是如何反应的。

当你觉得脸很烫、头很痛、心跳加速、全身发热，甚至反胃作呕时，都可能承受着巨大的压力。这些压力的来源很多，也许是害怕、羞愧，也许是愤怒。然而，这么多的情绪都有可能转变为极类似的身体反应，以至于我们难以区分，甚至是自我混淆。

觉得难以区分情绪的人，通常也不太能顺利表达自我的情感。连自己都不清楚自己的感觉，向他人说明就会更加困难。比起表达情绪，这种类型的人更习惯随着情绪而行动，在不知道自己处于什么情绪的状况之下便被情绪带着跑，比如只要一上火就一定要爆发出来的人就是如此。

如果想要好好区分情绪，就必须让制造情绪的边缘系统与定义情绪的前额叶之间的联结顺畅。

● 不被他人操纵情绪使用说明

区分自己的感受、情绪，有助于表达自我的情感与认识自我，也能促进与他人的沟通。

辨识情绪，区分管理

大家是否有画画时将颜料挤在调色盘上调色的经验呢？当我们混合的颜料越多，往往调出来的色调就会越暗淡。情绪也是一样，许多相互矛盾的情绪彼此交织，最后会结合成一种复杂的情绪而表现出来。越是让我们感到不自在的复杂情绪，我们越是习惯将它伪装成自己可以控制的样子。

愤怒是我们习惯性戴上的情绪面具之一。我们感到委屈或者害羞，都可能会以生气来表现，往往发完脾气后才感到丢脸、伤心或是失望。

其实，愤怒不只是包含了愤怒这一种情绪，可能还涵盖着其他情绪。**如果想知道具体是什么情绪，必须为每一种情绪取一个名字，用语言为每种情绪贴上标签，这样才能帮助自己管理好情绪。**

如同前面所说，感受情绪的是原始的边缘系统，而在这里要为它们取名的则是前额叶。如果为每一种情绪取个名字，大脑里发挥踩刹车作用的前额叶就会活化，并让情绪中枢的边缘系统冷静下来。

首先，试问自己是否使用愤怒、不安、忧郁这些词来表达过自己的情绪，是否还使用过沉闷、绝望、恐惧、侮辱、羞耻等词来表达自己的情绪呢？有时候你可能会使用不安来取代恐惧。那么，用沉闷来取代悲伤又如何？最重要的是，观察自己在改变形容情绪的用词时，心情会有什么样的变化。

表达这些情绪的词语要与生理反应相互联结。例如：

"我觉得喘不过气，这种感觉是恐慌。"

"心脏剧烈地怦怦跳着的感觉是恐惧。"

"内心有一股热流往上冲，全身肌肉紧绷的感觉是愤怒。"

"内心好像空空的，这种情绪是悲伤。"……

多练习为情绪命名，就会了解到我们时常把其他情绪当作愤怒。举例来说，丢脸或害羞的情绪会转变成生气，恐惧也可能会以愤怒的方式表现出来。请试着为与他人往来时感受到的情绪命名，比如当有人与自己作对时，可以用"侮辱""耻辱"或是"不恰当"等词来描述此时的情绪，这样就可以明确知道对方给自己带来了什么情绪。

越是想掌握自己的情绪，越是要专心聆听自己的心。为了提高情绪认知能力，我们也必须增长有关情绪的知识。阅读相关的书籍，通过小说、电影等间接体验也会很有帮助。写日记可以回顾自己很想逃避的情绪，让自己更加理解它。如果想要更了解自己的情绪，坚持写日记是很有帮助的。

● 不被他人操纵情绪使用说明

越是让我们感到不自在的复杂情绪，我们越是习惯将它伪装成自己可以控制的样子；越是想掌握自己的情绪，我们越是要专心聆听自己的心。

不做"暴躁"的奴隶，
按下消除愤怒的按钮

不要直接面对攻击

前面提到的雷蒙德·卡佛的短篇小说集《大教堂》中有一篇叫《维他命》的小说。主人公诱惑了妻子的朋友，两个人一起喝酒的时候，遭到曾参与越战的黑人的侮辱。此时如果处理不好，很有可能演变成更大的吵架，但是主人公并没有回应对方的攻击，气氛一直很平静。

我们将各自的酒杯放在面前，纳尔逊把自己的绅士帽丢在桌子正中间。

"你呀！"纳尔逊对我说："你其实跟别的女人住在一起，对不对？这个美人不是你的妻子！我知道。但是你和她是很要好的朋友，我没说错吧？"

"这是我从黄毛小子们身上割下来的，"纳尔逊说，"那些兔崽子们现在什么都听不到了。我只是想给自己弄个纪念品。"他转了转钥匙圈上挂着的耳朵。

唐娜和我站了起来。

"别走啊！小姐。"纳尔逊说。

我拿着唐娜的外套，站在座位旁边，两腿在颤抖着。

纳尔逊扯开嗓门喊道："你要是说这家伙让你感到很甜蜜，想跟这个混蛋走，你们俩都得先问问我行不行！"

我们离开位置，离他越来越远。人们的目光都落到了这边。

纳尔逊的喊叫压过了音乐声："你们这样是没有用的！不管你们做什么、说什么，都不会有人喜欢你们的！"

我开始还能听见他嚷嚷这些，后来就什么都听不见了。音乐停了一下，又响起来，我们只顾着走，都没有回头看，一直走到了人行道上。

比起十句正能量的话，一句负能量的话更能影响我们的情绪。记不住别人对自己好的十件事，却忘不了别人让自己难过的一件事，这就是人心。即使 99 个人对我很好，只要有 1 个人嘲笑我，我的心情就会因为那个人而毁了。拥有无数粉丝的艺人们会因为一两个人"专门散布恶意留言"而得抑郁症，甚至自杀。

大脑对"负面信号"要比"正面信号"更加敏感。这是生存演化机制造成的，会忽略危险、威胁等负面信号的人类在进化过程中已遭到淘汰，现在的我们是能敏捷应对危险并成功留下后代的人类后裔。所以，就算是微小的危险信号，我们的大脑也会响起警报。因此我们对于别人的批评、攻击都相当敏感，不再只是保护自己，而是试图报复。

如果以愤怒的方式回应对方的攻击，十之八九会转变成打架或关系决裂。就算和对方吵架，你也会留下一身伤；就算让对方倒下、屈服，也不会治愈你的伤口。

停止对方攻击的最有效方法是不要理会对方，不要正面回应批评。只要不正面理会，对方就会觉得没劲。相反的，如果你强烈反抗并带有敌意地回应，对方批评你的强度就会逐渐加大，因为他们会用尽全力证明自己的想法并没有任何错。

15 秒是消除愤怒的黄金时间

在职场中，如果遭到领导或同事无理的批评，不要马上回应，请先等一等。每个人一遇到这种情况时都会很生气，想要马上反击，气呼呼地与对方正面对决，可是大部分的人最后会后悔自己的行为。**忠实面对自己的情感是很好的事情，但并不见得是最好的处理方式。**

火气太大会融化一切。就像是持续踩踏板一样，如果不踩刹车，事态会疾速地朝破局前进。被愤怒冲昏头脑的人通常不会站在对方的角度看事情，所以把其他人的行为看作是带有敌意的。生气时做出的判断很容易使事态脱离正轨。

控制愤怒最好的方法是在受刺激与做出反应之间留下时间，做出行动前暂时停下来，在受刺激与做出反应之间挤出缓冲地带，在这一段缓冲的时间里培养可以选择适当应对方式的能力与自由。

首先，默数"1，2，3"，这3秒钟内不要想任何事情，给大脑按下中断思考的按钮。中断思考是理性自我向实际自我发送的"快冷静下来"的信号。让兴奋的情绪冷静下来的最好方法是深呼吸，一边数三下，一边深呼吸，再数三下并且憋气，接着再数六下，同时把气吐出来。停止思考3秒钟，深呼吸吐气12秒钟，只要忍住这15秒钟，便能控制住愤怒的情绪。**这15秒是能消除愤怒的"黄金时间"。**

反复地深呼吸，直到消除紧张的情绪、身体完全放松为止。

这时，心中可以大喊"停下来！"。让自己别那么激动，就可以客观地看待事情，分析并找出哪些是自己能力范围内可做的事。

利用理性的力量浇熄感性的怒火，再制定应对策略。深呼吸后，你会感觉到自己因被不合理对待而产生的激动情绪正渐渐地平静下来。然后，再重新解析觉得被不合理对待的想法或侮辱感是否正常，这时你需要以对方的角度来看自己，也可以试着分析对方的行为是否在挑衅、是否故意的。比如，你可以像这样分析：

"他其实是说给整个部门听的，然而我却以为只是针对我一个人？"

"应该不是故意想侮辱我才那样做的吧？"

"我是不是太敏感了？"

请试着分析让你生气的人是否在你的人生中是个重要的人，当你这么做时，可能会出现这些想法："那个人并不是很重要啊！他不是我的家人、朋友或是情人，我有必要如此在意吗？"即使是与你相处时间不长的新领导，你也有必要思考这些问题。

"浪费在那个人身上的时间换算成钱的话，是多少呢？"我们没有理由浪费重要的情绪能量在自己人生中不重要的人身上。当你觉得有浪费时间的想法时，请试着把浪费的时间换算成金

生气，也没关系：
成年人体面生气指南

钱，你就会瞬间打起精神的。你也必须思考是否有更好的应对方法，就算对方的敌意很合理，如果你没有适当的对策，也请先让情绪冷静下来。

请试着感受自己的感觉和身体状态，如果你察觉到自己很激动，可以更容易控制愤怒。"全身僵住了，需要放松""心跳得好快，必须深呼吸"，像这样给自己点时间，就能避免出现攻击对方的应对行为。如此一来，不用生气，也能明确地传递出自己想表达的信息。

请降低身体的热气，释放出负能量，让自己可以更明确地判断状况。你需要通过运动让身体释放能量，可以在周围走走，散散心。

不被他人操纵情绪使用说明

利用黄金 15 秒，让自己冷静下来，检视当下的身体与情绪反应。适当的运动有利于消除紧张的情绪，让身体放松。也请想想，自己真的有必要为了这个对象浪费时间发怒吗?

缓解紧张的方法

如果平时身体很紧绷，小小的刺激便很容易爆发愤怒，不经常练习控制就很难调节怒火。如前所述，缓解我们身体紧张的最简单又有效的方法是深呼吸——缓慢地大吸一口气，再吐出来就行。这种方法看似很轻松，但是想做好的话，平常也需要多练习。

在椅子或是地上坐正，腰挺直，手放在膝盖上，眼睛闭上。先吸气3秒钟，再吐气6秒钟。吸气时，肺部膨胀，横膈膜收缩，集中精神后再让气体流入；吐气时，要感受到空气从鼻子里流出去，嘴巴稍微张开，降低吐气的速度，尽可能把所有的气吐出来。**这样的深呼吸一次要做3分钟，一天做几次也能使自律神经稳定下来，缓解紧张的情绪。**

"渐进式肌肉放松法"也对缓解紧张很有效果。渐进式肌肉放松法是美国医师埃德蒙·雅各布森（Edmund Jacobson）在20世纪20年代发明的，通过放松肌肉来缓解心理上的压力。请先试着感受一下自己的肌肉有多紧绷，让特定部位的肌肉用力绷紧，接着放松肌肉，集中精神稳定情绪。

这时不要太刻意放松肌肉，而是让它自然地放松。无论何时何地，一旦感觉到肌肉紧绷，我们就可以下意识地放松肌肉，以减少不安的情绪。

如果想做好肌肉放松法，先要保持放松的姿势，闭上眼睛，松开绑紧的皮带或是衣服。如果是坐在有扶手的椅子上练习更有效果。你要单纯地放轻松，即使想到一些问题，也先试着不去想怎么解决，要清空脑中的思绪。接着，把精神集中在右手上，将右手握成拳头，一边渐渐施力握紧，一边试着感受这种紧绷感，然后慢慢地放松。放松的时间必须比紧绷的时间要长，施力的时间以 5~7 秒、放松的时间以 20~30 秒最为恰当。做完一组后，可以再做一次。然后将从脚趾到头顶的所有肌肉试着紧绷再放松。做完这些后，请尽情享受放松的状态。

当内在、外在出现刺激时，放松身体并不是自然会产生的反应。身体在面对刺激时，最好的选择是不做出任何反应。渐进式肌肉放松法可以帮助我们的身体在面对压力时不过度反应，同样也能降低精神上的压力。

冥想也有助于减压。**冥想可以稳定心灵，让自己停止思考，放松身体**。如果有规律地进行冥想，即便遇到生气的情况也能稳住心情。如果每天练习 15 分钟的冥想，清空思绪就会变得很简单。冥想可以将"战斗或逃跑"的原始反应转化成温和的方式。冥想一段时间后，你的呼吸频率与脉搏、血压会下降。血液中的压力荷尔蒙数值一减少，脑波看起来也会稳定一些，从而缓解紧绷的状态。

冥想可以稳定自己的情绪，减少不安，也能控制自己对他人的反应。这些结论已经通过一系列研究被一一证实了。将接受1万小时以上冥想训练的人选为测验对象，让他们听痛哭等会给人带来压力的声音，并观察他们的大脑反应。结果显示，冥想专家们在面对压力时，脑中负责情绪的杏仁核[1]活络程度比冥想新手更低；冥想训练的时间越长，面对压力时其杏仁核活络的程度就越低。冥想会让负责情绪的大脑部位冷静，也有助于调节心情。

冥想的时候，只要关注深呼吸这一点即可。放下过去和未来，只要专注于当下的呼吸。**试着去感受身体的变化，感受深呼吸时身体的感觉。**当氧气进入身体深处，便可以忘记周围的一切，找回心灵的安定。

1　杏仁核：Amygdala，又名杏仁体，是边缘系统的皮质下中枢，有调节内脏活动和产生情绪的功能。

生气，也没关系：
成年人体面生气指南

我们有权感到愤怒，
也有权表达它

用正确的方式生气

信息传递出去的方式比被传递的信息本身更重要。亚里士多德在《尼各马可伦理学》（*The Nicomachean Ethics*）中说过这句话："无论是谁都会生气，这很容易。可是要向正确的人，在正确的时间以正确的程度、正确的动机、正确的方式生气并不容易。"

在与他人的意见出现分歧时，很多人想要无条件战胜对方。如果他们的内心感觉受到了伤害，只会想着要加倍奉还。例如，遭受领导的不合理对待时，他们会发脾气或是摆臭脸，并试着报复。但如果真的这么做，说不定日后会后悔，甚至留下心结，反而压力更大。一旦伤了上级的心，终究只会让下面的人更辛苦而已，因此不要只想着打赢对方，而是要思考该怎么做才能解决问题。

事情不是大吼大叫就能解决的，先避免正面冲突，然后思考该怎么做才能顺利解决问题。这不是要你当懦夫，而是要承认现实。**能力弱小的人即便将愤怒发泄出来，也只会让自己更辛苦而已，所以必须等待时机，储存力量。当实力或力量与对方相当时，再发泄自己的情绪也不迟。**

生气时想攻击对方是一般人都有的想法，但是攻击对方也无法解决问题。造成问题的不是对方，而是对方的几个行为。不要和对方吵架，而是需要和对方联合起来解决问题。如果自己的愤怒是合理的，那么你必须向对方传递正确的信息。也就是说，当情绪冷静到某种程度，你可以掌控事态后，理性的力量将会出现。

就算觉得委屈又不合理，却还是选择隐忍，这对以后的关系发展并不好。如果你的伴侣完全不和你商量就把所有储蓄拿去买车，你会一句怨言都没有吗？如果领导把你熬夜准备的方案抢过去当成自己的，并且拿去邀功，你会怎么办？表达意见和发脾气是完全不一样的，表达意见是希望对方改变言行，只需要沉着、

生气，也没关系：
成年人体面生气指南

理性地表达自己的要求就行。

首先，请思考对方是否有让你花费心力去改变他的价值，再想想彼此的关系是否已经决裂到无法挽回的地步。如果对方毫无改变的可能性，那就不需要再花心力在意。只有在对方有可能听懂你的意见并做出改变的时候，才能把信息传递出去。同时，你也可以再认真思考一次，自己是否真的遭受了不合理的对待，自己生气的原因是否合理。

如果一个人处于生气的状态，即使只想陈述事实，也会因为语气和表情的关系而展现出攻击的意味，这时需要冷静地等一下。尽管你只是想陈述事实，但请先冷静下来，直到自己平静后再进行下一步的行动。

在传递信息时，**"如何表达"**比传递的信息本身更重要，态度与表情又比内容更重要，因为70%的沟通结果取决于表情、肢体动作、声音等"非语言表达"。

如果想让对方好好地听你说话，那么你的态度和表情决不能让对方感觉到有敌意。**即使你想表达的内容不具有攻击性，不愉快的表情和讽刺的口吻也会透露出敌意。**尽可能展露出平静的表情，让对方看到自己能控制愤怒，这样才有助于控制局势。

请用"我句式"来沟通

在广告代理公司上班的李在荣，为了抢下跨国制药公司最新上市的高血压药广告，在过去的一个月里不分昼夜地努力工作。因为这款即将上市的药是革新型新药，预计市场反映会很好，所以制药公司对这一次的广告寄予了很大的期待。李在荣负责撰写广告企划书，而创意简报则由同组的闵奇妍负责。

李在荣费尽了心血想将这个企划书做到最好，他很自豪地认为自己的方案近乎完美。可是，报告当天却出了问题。前一天彩排时，李在荣把制药公司可能会问的问题整理了一遍，闵奇妍也答应会尽力准备好对此的回答，但是事实上，闵奇妍并没有把交代的事完全做好。当面对制药公司的接连提问时，闵奇妍未能给出很好的回答，陈述过程一塌糊涂。最终，他们都被领导大骂了一通。

李在荣非常生气，他冲闵奇妍吼道："都是因为你才搞砸的！你为什么连一件事都做不好？"

闵奇妍反驳道："没错，我没有一件事做好，但你又做好了什么？你的企划书也不怎么样！"

闵奇妍并不是故意疏忽了准备工作，她只是觉得自己被侮辱了。所以当李在荣指责自己时，她就忍不住大发脾气。事实上，

生气，也没关系：
成年人体面生气指南

就在报告的前一天，闵奇妍的肚子疼了一个晚上。虽然这是她每个月都会经历的生理期前综合征，但是这次的症状特别严重，吃了止痛药也没有效果。面对这样的结果，闵奇妍也是既生气又难过。

如同前述的案例一般，当我们生气时，会不自觉地使用主语"你"来沟通，例如："你确定要一直这样做？""你怎么可以这样？"像这样就是典型的"你句式"（You message）。当使用"你"为主语时，听众会有被检讨、被强迫的感觉，就像是不先问对方的想法就随意批评对方。**如果使用"你句式"来沟通，很容易立即让人产生反感并采取防御。**当你用"你句式"来传递对对方的不满时，如果对方坚持说自己已经尽力了，那就会让俩人再也无话可说，彼此的感情都受到伤害。

就像李在荣说的"都是因为你才搞砸的！你为什么连一件事都做不好？"，如果改成"要是能准备得更充分的话就好了，事情不顺利，我的心情也不好"会如何呢？大概他们的对话会变得很不一样吧。

这么说话，既不会让对方感觉到攻击性，也可以把自己的情绪表达出来，这种对话方式叫"我句式"（I message），使用"我"当主语，比如："我希望你现在能停下来""因为你这么做，所以我很无力"等。

如果被领导责骂，可以这么回答："我已经竭尽全力了，但是没想到还是出现了失误，对此我很抱歉。如果你愿意告诉我错误的地方，我会马上改正的。"

如果是领导，也不妨试着这样和下属说话："辛苦了！如果这个策划案能写得再稍微详细一点，你看如何？如果能这么做的话，我真的得好好感谢你！"

"我句式"是把"我"当主语，传达自己的感情的对话方式。**不是先判断对方的行为好坏，而是传达出自己对其行为的感受。**即使对方可能会反驳你，也不能否认你的感受。如此一来，可以让对方再一次思考自己的行为是否合理，而且他也不会觉得受到了攻击。

"你怎么能对我说出那种话呢？"也可以用"我句式"的方式改换成"听到你这样说，我真的很伤心"。

"我句式"的内容是按照事实、心情、期望的顺序组成。先陈述事实，接着说出自己对这件事的心情与感受，最后提出自己的期望。在陈述事实时，不要提到自己对这件事的评价，而是确切地说出令自己觉得刺耳的话是什么。要客观地描述情况，并且表达出这一事实让自己产生了什么样的心情。在讲出自己的心情时不能太夸张地叙述。最后，具体、准确地说出自己希望对方怎么做。

"我句式"是依赖于人类的同理心而进行的对话方式。不管是谁，只要周围有人遇到困难，都会产生同理心并试着帮助对方。而使用"你句式"进行对话，则很容易让听的人觉得被批评、被命令，或是被威胁，这样就会刺激听话人的情绪大脑——边缘系统，让对方产生"斗争－逃避反应"，或是干脆不做出任何反应来面对。与此相反，"我句式"能让对方的同理心中枢——前额叶活络起来，让人做出理性的回应。这样一来，两个人的大脑不发生碰撞，反而能相互共鸣，共同提供解决问题的方法。

● 不被他人操纵情绪使用说明 ●

　　"我句式"是依赖于人类的同理心进行的对话方式，"你句式"则很容易让听的人觉得被批评、被命令，或是被威胁。

第5章

你这么优秀，
别输在情绪上

如同肌肉一样，大脑是可以通过训练来改变的；如果前额叶也接受训练的话，就可以提高我们控制冲动的机能。前额叶的执行能力越好，我们的生活就越有效率，满足感与成就感也越高。

寻找怒火消防栓

前额叶是控制冲动的中枢

1848 年 9 月,美国佛蒙特州正在进行铺设铁路的工程,当时在施工现场工作的 25 岁年轻人菲尼亚斯·盖奇(Phineas Gage)发生了严重的意外事故——一根铁棍刺穿了他的大脑。尽管事后盖奇捡回了一条命,但他原本认真又善良的性格却因这场意外消失了。盖奇的行为有了很大的变化,他变得没有耐心又很冲动,十分容易和其他人起冲突。虽然吃饭或换衣服等日常行为没有什么问题,可是他的逻辑性思考、预测与做出正确判断的能力都有所改变,可以说,他完全变了。

当时赶到现场的医生,是这么描述事故发生后恢复意识的盖奇的："他一起来就呕吐，一直呕吐，最后吐出了半茶匙大小的脑组织。"

被盖奇吐出来的脑组织正是前额叶。事后，治疗盖奇的医生在学术期刊上发表了关于失去大部分前额叶后盖奇的变化的报告。

"依据他的领导所言，事故发生前的盖奇是个工作很有效率、很负责的人。在事故发生之后，他的个性却很善变，甚至做出不恰当的行为，埋头于无关紧要的事情上，而且也不尊重同事，就算是很小的矛盾也不会让步。他变得很顽固，不轻易妥协，也无法痛快地做出决定。他变得很优柔寡断，和以前完全不一样，同事们也说他再也不是盖奇了。"

通过盖奇的案例，我们了解到**前额叶是人类思考、逻辑、控制冲动的中枢。仅半茶匙分量的脑组织消失，就足以改变一个人的个性与行为模式。**

电影《光逝》（*Dying of the light*）讲述了患有难治之症的美国中央情报局特工在执行最后一次任务时发生的故事。离开外勤工作很久的特工埃文·莱克（尼古拉斯·凯奇饰）不久就要退休，他偶然得知了二十多年前曾追捕过的恐怖分子的行踪。莱克把逮捕这个恐怖分子当作自己的最后一项任务，独自展开了追捕行动。

莱克罹患的是一种叫额颞叶变性[1]的疾病。他原本性格冷静沉着又心思缜密，患病后却变得不太一样，时常为了一点小事就大发脾气。他不太能控制自己的情绪，会大吼大叫或是乱扔东西。自从他的前额叶受损，调节怒火、控制脾气的机能也逐渐下降，这使得莱克的性格发生了很大的变化。

大脑的前额叶是通过外部刺激与内部大脑来控制体内欲望的司令部，具有调节情绪与控制冲动的功能。如果有人像盖奇一样，前额叶遭到破坏，其个性会变得没有耐心又冲动。就好比喝醉的人，酒精会抑制及麻痹他们大脑的机能，其中机能最先下降的就是前额叶。**也就是说，一旦前额叶的控制功能丧失，人就会爆发出攻击性行为或是性欲**，这也是为什么人喝了酒会频繁发生各种事故的原因。

愤怒是由大脑深处掌管情绪的领域受到刺激而产生的。当情绪中枢——边缘系统的警报响起时，信息就会传达到前额叶："前额叶，我现在心跳加速，火气很大，你觉得我该怎么办？"

1　额颞叶变性: Frontotemporal lobe degeneration，简称 FTLD，是一组以人格改变、社会行为异常及语言表达或命名障碍为最早、最突出症状的疾病。患者常常会有不合常理的行为举动，或是在发病早期就出现语言障碍，例如表达困难、命名困难等渐进性退化现象。平均发病年龄为 50 岁左右。

生气，也没关系：
成年人体面生气指南

此时，前额叶就会依照目前的认知来判断情况，再反馈给边缘系统。前额叶会根据以往的记忆与经验来评判当下的状况，选择最合适的处理方式——是"大吼大叫一场，和对方较量一下"，还是"先忍忍，等冷静后再说"。**前额叶可以控制不成熟的冲动，尽可能诱导自己做出有利的动作**，或是至少可以让自己不做出会后悔的行为。

打造由前额叶领导的大脑

年约 50 岁的崔先生在韩国数一数二的大企业中担任要务，即将升为副社长，可是最近他的个性却忽然变得很奇怪。他原本个性温和，又很关怀下属，所以在公司里很有声望，可是最近责骂下属的情况突然变得很频繁：由于想不起确切的词语，他说话会犹豫不决；如果下属听不太懂他说的话，他会很生气地把文件丢过去；和以往不同，他还会对女性职员说黄色笑话；开会时他会固执己见，稍有不满意的地方就会勃然大怒……周围的人议论说，他是因为上了年纪，性格才会变得如此异常。

随着时间的流逝，崔先生的情况却一点也没有好转，反而越来越严重。最后，他在妻子的陪同下一起去医院检查，被诊断出患有额颞叶变性。因为他的前额叶受损，所以才很难控制住愤怒的情绪。

如果你像崔先生一样前额叶受损，调节愤怒的能力便会下降。在人类的演化过程中，愤怒一直守护着人类的生命，是一种激烈且很难驯服的情绪。可是，在现代社会中，自然环境不会再危及生命，而愤怒却会使我们陷于危险之中。

就大脑的构造来说，边缘系统与前额叶的连接并不对称，如果说边缘系统到达前额叶的路是高速公路，那么前额叶到边缘系统的路就是没铺水泥的砂石路，边缘系统对前额叶的影响远远大于前额叶对边缘系统的影响。因为不安、恐惧与愤怒等情绪与人类的生存有着紧密关联，所以经过数百万年的演化后，人类大脑的情绪中枢——边缘系统变得更加发达，一旦大脑感受到威胁，就会响起警报。前额叶会试图控制边缘系统，但是往往能力不足，因此一旦怒火被点燃便很难完全熄灭。

我们大脑的记忆库会自动储存思想、情绪和行为。大脑会自动记忆哪些行为保护了我们免受危险，并在以后出现类似情况时能够自动应对。大脑之所以有这样的设定，是为了在面临危险时能快速做出反应，因为一旦犹豫，生命就会受到威胁。因此，即使没有特别去想，动作也会自动跳出来。像这样的反射动作就是习惯。举例来说，如果前面的汽车突然减速，即使不进行复杂的数学计算，我们也能马上知道是否要减速或急踩刹车。

生气，也没关系：
成年人体面生气指南

如果大脑没有设定这种反射动作的模式，人类便很难生存下来。如果每当遇到危险都要先掌握状况再予以应对，那就太迟了。但是像这样的习惯性动作也不一定都是有利的，比如错误的情绪习惯，对我们来说就没有益处。

生气也是一种习惯，人类之所以习惯生气，也许是为了在原始时代的险恶自然环境中生存下来。懦弱的人类要么饿死，要么找不到另一半而无法留下后代。但是在现代社会里，爱生气的习惯是无法适应社会环境的。如果每次感到生气都要大发雷霆的话，很可能会被他人排挤，难以继续在社会中生存。

为了改变爱生气的习惯，我们必须锻炼前额叶。前额叶会分析边缘系统传送来的情绪信号与生理反应，再决定采取什么行动。习惯是不必经过这样分析而自动发生的动作。如果能够激活前额叶的功能，分析与控制愤怒的能力会变得发达，就能改变自己的习惯。

现在，我们必须塑造出可以带领大脑的前额叶。强化前额叶的功能，便能抑制原始的本能，与人建立良好的关系。要改变别人是不可能的事，但是可以改变并开发自己的大脑。**利用好前额叶，可以控制住愤怒。**与其被边缘系统摆布而失去冷静，我们不如后退一步，让前额叶来控制局面。

就像镜子一样，愤怒会招来愤怒。当对方看到你生气的表情时，他的边缘系统也会响起警报、提高警戒。如果你在生气时可以利用前额叶调节情绪的话，对方也能利用前额叶来抑制反应。将不知如何是好的大脑塑造成跟随自己意志的大脑，这就是控制愤怒的第一步。

生气，也没关系：
成年人体面生气指南

不直接面对攻击

大脑是可以通过训练改变的

努力做肌力训练，就能练出肌肉。大脑也一样可以接受训练。根据看到什么、听到什么、想到什么，大脑神经元间的联结会发生变化，这被称为"神经可塑性"（neural plasticity）。神经元会发出名为"树突"[1]的分支，与其他神经元连接，当大脑受到刺激时，这样的连接便会增加。

伦敦的道路是出了名的复杂。历史悠久的街道间密密麻麻地

---

1 树突：Dendrites，是神经元的一部分，是从神经元的细胞本体发出的多分支突起。

连着许多小巷子，因此伦敦的交通堵塞是臭名昭著的。如果想在伦敦做出租车司机，必须具备在错综复杂的道路网中快速找到连接两个地点的能力。只有熟悉这些复杂的道路，才能取得出租车司机的执照，才不会在伦敦市区数千个地方中迷失，并能准确找到目的地。据说，想要完整掌握包含绕行道路和单行道在内的所有道路网，需要两年左右，而这一部分也是出租车司机资格考试中最关键的部分。

伦敦大学的麦奎尔博士以伦敦的出租车司机为对象，进行了脑部 MRI[1] 拍摄。调查结果显示，出租车司机大脑中的海马体比一般人大；驾龄越长的司机，海马体越大。海马体的机能是掌控记忆，与位置记忆有密切关联。**这意味着在长期训练下，海马体神经元树突的连接会越变越多，我们越是用脑，大脑神经元间的连接越会增加。**

还有一项研究结果也表明，反复训练可以改变大脑。曾有研究要求一群从没看过杂技表演的二十几岁的普通人进行为期三个月的杂技训练，并通过 MRI 观察他们训练前后的大脑变化。三个月后发现，经过训练，这群人的大脑皮层中的部分颞叶会变厚，代表着增长了许多神经元。接下来的三个月，研究人员要求

1　MRI：Magnetic Resonance Imaging，磁共振成像。

这一群人不再碰杂技，并再次使用 MRI 观察他们的大脑。令人惊讶的是，原本增厚的大脑部位又回到了原来的状态。**大脑如同肌肉一样，是可以通过训练改变的，既可以增厚，也能缩小。因此，如果对前额叶进行训练的话，就可以提高我们控制冲动的机能。**

愤怒是一种非常强烈的情绪，经常伴随着很高的代价；有时会遭受巨大的损失，有时会完全毁掉自己与他人的关系。但是，即使把对方打倒，心中积压的愤怒也不会完全消除。如果大脑前额叶的调节能力下降，被边缘系统任意摆布，只会带来无尽的损害或后悔。因此，如果有需要紧急处理的事务时，不妨先借用前额叶的力量安抚情绪，再制定策略。

打造放松的大脑

情绪残渣也需要定期清扫

氧气与营养供给对大脑来说非常重要，不足 1.4 千克的大脑仅占人体重量的 2％～3％，却消耗了约 20％ 的整体能量。只要血液停止供给约 4 分钟，大脑接收不到能量，就可能造成不可挽回的严重损伤，也就是说，血液的供给必须保持顺畅。因此，对大脑来说，维持脑血管健康至关重要。

规律的运动对脑血管养护有很好的帮助。运动可以降低血压、血糖和胆固醇，让脑血管保持年轻的状态。走路等有氧运动有助于心脏的强健，使更多的血液流入前额叶。只有氧气与营养供给充足，脑细胞才能维持最佳的机能状态。

生气，也没关系：
成年人体面生气指南

美国匹兹堡大学医学院的研究团队以 120 名 60 岁以上的老人为对象，进行了为期六个月的大步快走实验。脑部成像结果表明，参与运动的老人们前额叶皮质与海马体的面积平均增加了 2%。参加实验的老人们的记忆力、专注力和语言能力等认知能力得到了大幅提升。这是因为运动会促使"BDNF"[1] 大量产生，促进脑细胞的再生。

运动还可以清除边缘系统里累积的情绪残渣，发挥扫除压力的作用。如果情绪积压在边缘系统里，前额叶会负荷过重。因此请通过运动来释放能量，清扫边缘系统，保护前额叶不受影响与伤害。

烟酒比高血压更伤脑

许多人认为吸烟只会影响肺部，事实上，吸烟也会损害大脑的机能。吸烟的人都知道，早上吸第一口烟时，大脑会立刻发出信号，产生晕眩或者恍惚的感觉，这是尼古丁瞬间融入血液并与大脑中的尼古丁受体结合的结果。

1　BDNF：brain derived neurotrophic factor，脑源性神经营养因子，是在脑内合成的一种蛋白质，对神经介质传导、神经元的存活、分化与发育起重要作用。

尼古丁有收缩血管的作用，所以吸烟时，前额叶的血液供给会减少。不只是尼古丁，香烟中含有 4000 多种化学物质，这些物质都对人体有害。香烟中的有害物质融入血液后，会损伤脑血管，引发动脉硬化。

如同前面提到的，前额叶有分析与控制等机能，因此只要营养或氧气供给不足，它就会受到影响，相关的能力就会降低。如果脑血管因为动脉硬化而持续变窄、收缩，前额叶的机能会不断衰退。

英国伦敦国王学院的艾力克斯·杜莱根（Alex Dreagan）博士曾发表了一个研究报告，宣称吸烟会使记忆、学习、企划等认知功能下降。这是对 88000 名 50 多岁的老人从 2004 年开始的老化相关跟踪观察的资料进行分析后得出的结论。该研究指出，尽管高血压也会降低大脑机能，但是吸烟对大脑造成的伤害更严重。**只要持续吸烟四年，人脑的记忆与企划等认知功能就会有所下降。**相比之下，高血压患者的认知能力则在患病后的第八年才开始下降。由此可知，吸烟对大脑机能的劣化影响远比高血压严重。远离吸烟，才能保持前额叶机能的健康。

酒精也会对前额叶产生严重的不良影响，"断片儿""酒后健忘症"（black out）都是酒精对前额叶造成伤害的实证。

我当记者时，出席过许多需要喝酒的场合，也因此出现过很

生气，也没关系：
成年人体面生气指南

多次"酒后健忘症"的现象。一开始是偶尔断片儿，后来陆续有几乎记不起几个小时内发生的所有事情的状况。我很担心喝醉后会出什么差错，因此经常在第二天打电话给一起出席的同事们询问："我没做错什么吧？"在听到同事说我在断片儿期间并没有做出不当行为后，我会放下心来，但是因为喝酒而失去了几个小时的记忆却让我感到很困扰。

记忆赋予我们自我存在的延续性与意义，如果记忆消失，自己也会仿佛不曾存在过。负责处理记忆的大脑部位正是海马体，当海马体暂时丧失功能，就会出现"酒后健忘症"。

很多人以为酒是"兴奋剂"，但其实酒是"抑制剂"。酒喝多了，人们很容易变得兴奋或狂躁，这正是因为酒精抑制了前额叶，使我们失去控制本能的能力。饮酒过量不仅对肝不好，对大脑也是一种荼毒。一旦习惯性饮酒过量，前额叶控制冲动的机能就会变弱，酒精也会破坏脑细胞。如果想维持前额叶的健康，就必须节制饮酒。

改变思维的方式

　　大脑基本上是靠电波运作的，神经元之间通过相互发送电信号来传递信息。脑电图是脑内电波的显示。通过测量一个人的脑波变化，可以推测其内心的变化。当人处于深度睡眠时，会出现振荡频率为 1～4 赫兹的德尔塔（δ）脑波；当人在安定的状态下舒服地休息时，会出现振动频率为 8～13 赫兹的阿尔法（α）脑波；振动频率为 4～8 赫兹的西塔（θ）脑波则会在人打瞌睡或刚睡醒时短暂地出现。此外，在清醒状态下解决问题或观察时，也会出现 θ 波。θ 波与直觉或创造性思维有关，曾有研究证实，冥想可以促进 θ 波振动，升级大脑的机能。

　　利用功能性磁共振技术，可以实时观测大脑的活动。美国托马斯·杰斐逊大学医学院安德鲁·纽伯格（Andrew Newberg）博士的团队，分别采集了西藏僧侣们平时生活与冥想时的大脑影像数据。结果显示，当僧侣们冥想时，大脑的前额叶比平时更加活跃，尤其是注意力与情感处理的中枢——背侧前扣带回会非常活跃。这意味着经常冥想的话，调节注意力的能力与共鸣能力会变好。如此一来，将有助于控制愤怒。

通过脑部研究，还证实了冥想可以减少压力、让心情变好。美国威斯康星大学的理查德·戴维森（Richard Davidson）博士利用功能性磁共振成像设备拍下了 175 名已经进行冥想修行 1 万小时以上的西藏僧侣的大脑。经过观察后发现，这些僧侣们的左侧前额叶比右侧前额叶更活跃。

如果左侧前额叶活跃，我们的心情就会变好，也会产生热情；相反地，如果右侧前额叶活跃，我们的烦恼就会变多，会出现忧郁或不安的症状。如果观测抑郁症患者的大脑，就会发现相较于右侧前额叶，他们左侧前额叶的活跃程度并不高。进行冥想修行的西藏僧侣与抑郁症患者的大脑完全相反，西藏僧侣们的左侧前额叶更加活跃。**长时间的冥想修行会改变前额叶的运作机制，引领心灵平静下来。**心情平静下来，就能感觉幸福，这样即使出现令人生气的事情，也因为产生了很多的从容感而气愤不起来。

不仅修行的僧侣们如此，还有研究显示，如果普通人也进行冥想的话，左侧前额叶的机能会变得比右侧发达。美国哈佛大学医学院的莎拉·拉萨尔（Sara Lazar）博士就曾经让一些传媒人士进行了长达一年的冥想，每天40分钟，结果证实冥想确实可以减少压力，让心情变好，并且使注意力更集中。

更有趣的是，当用磁共振设备拍摄这些传媒人士的大脑后发现，他们大脑中负责控制情绪的前额叶皮质增厚了0.1~0.2毫米。大脑科学研究再次验证，冥想可以改变前额叶的机能与结构。

建立友好的关系

　　尽管运动、冥想等都能有效强化前额叶功能，但激活前额叶最有效的催化剂还是与他人相处。想要与人维持良好的关系，就必须会观察、能够控制冲动，还要懂得如何传递自我情绪。前额叶就是负责这些机能的位置。在人类进化过程中，以前额叶主导的相互合作是引领人类存活下去的原动力。正因为如此，人类的前额叶也比其他动物更发达。

　　你是否曾对经常接触但不熟悉的人感到好奇？比如每天都会见到的超市员工，或者总是一起搭公交车的乘客。你会不会想，这些人是谁呢？他们又是如何看待世界呢？即便是邻居或者共处多年的同事，也有很多人完全不了解对方的生活。

　　好奇心是通向他人的桥梁。对陌生人的好奇心会强烈地刺激着前额叶，**如果丧失对人的好奇，对前额叶的刺激就会减少，人际关系也会跟着退化。**

广泛地接触他人有助于刺激前额叶，如果能和别人建立有意义的关系，能促使前额叶更发达。所谓有意义的关系，并不是指表面上的来往，而是指有情感上的交流、可以分享喜怒哀乐的关系。想要进行情感交流，就必须倾"听"别人说话，而且不仅是听对方说话，还要观察对方的表情、肢体动作与行为等。如果能与人分享自己的心情，则表示已产生共鸣。集中注意力、产生共鸣、情感交流都是前额叶的核心机能，深厚又有意义的人际交流经验越多，前额叶越活跃。

生气，也没关系：
成年人体面生气指南

摆脱拖延的毛病

　　为了实现目标，我们需要具备各种各样的工作能力，以过去的经验、知识为基础，制订符合目前状况的计划，并且分出事情的轻重缓急，再加以贯彻执行。以上这些流程，我们称为"执行能力"。控制执行能力的中枢当然也是前额叶，前额叶就像交响乐团的指挥家一样，起到协调大脑各机能的作用。

　　前额叶的外侧是背外侧前额叶（dorsolateral prefrontal cortex），它是大脑中负责思考与判断的部位。位于前额叶下方的是腹内侧前额叶（ventromedial prefrontal cortex），是大脑中控制情绪与行为（比如冲动行为）的自制力中枢。只有这两个部位相互协调地发挥功能，才使我们即便感到无趣厌烦也能发挥自制力，在有限时间内规划好，并随着情况变通、修改计划，直至达成目标。

如果想适应生活中冒出来的各种突发情况，就必须好好发挥自己的执行能力。**前额叶的执行能力越好，生活就越有效率，满足感与成就感也越高。**如果一个人的前额叶执行能力较弱，那么就容易受到小小的诱惑而动摇决心，导致意志力薄弱，将计划一拖再拖，甚至半途而废。

越是宏大的计划，越容易失败。为了在执行阶段不产生变化，从简单又单纯的事情开始做会更好。只要建立小计划，累积成功的经验，前额叶的执行能力就会越来越好。

一个个小小的满足感，会成为促进更大变化的契机，就算失败一两次也不要放弃，再试着树立目标挑战看看。把每天要做的事情列出来，不要拖到明天再做。即使想稍微偷懒，也不要立刻放弃，试着想想达成目标时的快乐，那么就更容易改变了。树立目标并集中精力完成任务的经验会激活沉睡的前额叶。

培养你的同理心

同理与共感能力是人类的最大特性

人类天生就有许多能与他人产生共鸣的生理特征，不论是帮助他人可以感到更快乐的利他心，还是能感同身受的神经元，都是我们为了合作生存所演化的证明。但我们却常常被言语蒙蔽了真实感受，消极地聆听他人，关起同理心，以至于时常愤怒与纠结。

我们自认是万物的灵长，拥有高于其他物种的智商与建立关系的能力，并创造出了璀璨的文明。但是，究竟是什么使人类与其他动物截然不同呢？是能够使用语言与工具？还是具有社会行为？这些并非人类独有的特性。黑猩猩虽然能力有限，但是它们会使用木棍等工具去寻找食物。海豚等哺乳类动物也会使用属于自己的语言沟通。除了人类以外，还有不少物种会建立群体，以此对抗掠食者并繁衍后代。

最近有一种观点认为，分享与合作是人类与其他物种不同的决定性特征。但是其他物种也会帮助陷入困境的伙伴，像栖息在中美洲的吸血蝙蝠就会成群结队、相互帮忙。吸血蝙蝠们会趁其他动物睡着时吸食动物们的血，一旦超过40个小时没有进食，吸血蝙蝠就会死亡。如果发现有伙伴因为没有吸到血而饿肚子，它们便会把自己喝下去的血吐出来，分享给其他蝙蝠；如果轮到自己挨饿，曾接受过自己帮助的伙伴也会反过来把血分给自己。然而这就像是以防万一的生存策略，是为了避免自己挨饿时没有蝙蝠施援，并不是利他行为。

日本京都大学灵长类研究所曾以黑猩猩为对象进行了一个有趣的实验。这个实验的内容是：相邻的 A、B 两个笼子里各有一只黑猩猩。A 笼子里有黑猩猩喜欢的果汁，但如果不使用棍子钩过来就无法喝到；B 笼子里没有果汁，但却有可以钩到果汁的关键工具——木棍。

A 笼子里的黑猩猩为了喝到果汁，便将操纵杆伸向了有木棍的 B 笼子，希望 B 笼子里的黑猩猩可以将棍子递给自己。当它发现 B 笼子里的猩猩没有反应时，会拍手、大吼大叫，想尽办法吸引对方注意。

接下来发生了什么事情呢？B 猩猩发现 A 猩猩的需求后，将木棍交给了它，B 猩猩选择了帮助陷入困境的伙伴。可是，A 猩猩拿到木棍后，它把果汁钩过来就一口气喝光了。更令人惊讶的是，无论同样的情况进行多少次，即便 A 笼子里的猩猩一次都没有分享过果汁，B 笼子里的猩猩还是会再次把木棍递给对方，从不拒绝 A 猩猩的要求。

像这样黑猩猩帮助伙伴的行为也是有限度的，它虽然会帮助伙伴，却不会彼此互相帮助。即使自己接受了帮助，也不会想着回报；同样的，提供帮助的那方也不会要求回报。

黑猩猩们只在意眼前发生的事情，但只要不在眼前，就很难使它们产生共鸣。

人类与黑猩猩和吸血蝙蝠不同，**不会用以防万一的心情来帮助他人，也不会因为距离与环境的限制而无法和对方产生共鸣。我们拥有和别人感同身受的能力。**如果一个人帮助了别人，他会觉得幸福，尽管受惠的人并不是自己，还是会因为可以提供帮助而感到快乐。所以我认为，理解和共情能力，才是人类之所以是人类的关键特征。

大脑的演化是为了促进人际互动

人类的共情能力是如何变发达的呢？这要从人类的祖先在草原上开始直立行走说起。想要直立行走的话，骨盆会渐渐变窄，再加上人类的大脑在逐渐变大，导致人类女性在生产时比其他动物面临更多的危险，同时也意味着人类的婴儿是非常珍贵的存在。很多物种在出生后没多久，就可以在没有母亲的帮助下生存。相比之下，人类的婴儿却非常脆弱无力。婴儿需要非常长的照顾期，如果没有其他人的照顾，便难以生存下去。

刚踏入草原的人类缺乏粮食，又经常受到猛兽的威胁，因此死亡率很高。在当时有可能濒临绝种的危机中，生育也是难上加难。即便顺利地生了小孩，养育环境也很糟糕。因此，人类无法将养育孩子的责任全丢给母亲，不只是爸爸，甚至爷爷、奶奶、叔叔、阿姨都会参与养育。许多人一起照顾孩子是祖先们的抚养方式。如果大人们一起抚养孩子，只要孩子一断奶，女性就可以继续生育。这种养育子女的方式成了人类合作行为的基础。

与人类极为相像的黑猩猩因为一直在安全的丛林中生活，所以无法扩展出合作行为；而人类因为离开了和黑猩猩一起生活的丛林，踏上了草原生活，因此成了不互相帮忙就无法生存下去的物种。人类会分享心情，帮助他人。**分享心情与利他心是人类**

的特征，也成了在艰苦的草原上活下去的基石。如果一生中只会见到某个人一次，那么选择欺骗对方获得好处才有益于自己。但是，如果有可能数次看到同一个人，选择共生才是最好的方式。可以说，利他心是选择共生策略的远古人类留下的产物。

你听说过"邓巴数字"（Dunbar's number）这个词吗？邓巴数字是指人类拥有稳定社交关系的人数上限，这个上限值约为150人。英国牛津大学的人类学博士罗宾·邓巴（Robin Dunbar）曾走遍世界各地，针对20个狩猎的族群进行了调查。结果显示，尽管大家各自过着不同的生活，但因为猎场与汲水地相同，有时候会聚在一起举办庆典和仪式，所以人类的族群人数约为150左右。

如果无法辨识对方，自身的安全将无法得到保障，因此人们只有在互相熟知的范围内才可能建立族群。可以记住150个人的脸孔并能进行区分，这对人类的大脑容量来说不是件简单的事。人类的思考与负责记忆的大脑皮质大小，以及所在族群的规模大小有关。促进人类大脑成长的因素正是别人的存在。

人类祖先一开始群居在非洲丛林中，每个族群的人数不到10人。从丛林迁移到草原后，人类祖先为了保护自己与寻找食物，不断扩大族群。族群一膨胀，人类的大脑就跟着变大。这是**人类为了适应在族群内与各式各样的人进行交流、掌握别人的**

想法与意图，从而日渐提高了自己的智商。

我们可以通过大脑皮质的大小来计算该物种可以建立关系的族群大小，计算结果显示，长臂猿是 15 只，猩猩是 34 只，红毛猩猩是 65 只，人类是 148 名。利用大脑皮质的大小计算出的数值与邓巴博士实际调查的人类族群大小几乎一致。这实在是一件很有趣的事情，原来大脑变大又进化得非常复杂，都是为了能更好地处理人际关系。

幸福指数高低，取决于社会利他性

当我们帮助别人时会感到满足和幸福，这种现象被称为"助人者的快感"（helper's high）。实际上，因为利他行为有利于人类祖先的生存，所以大脑也发展成尽可能用幸福感来补偿这种行为的模式。即使帮助别人会造成自我成本损失，我们仍会感到幸福。

大脑中有一个叫伏隔核（nucleus accumbens）的奖赏回路，当享用美食或陷入爱情时，伏隔核会被激活并分泌出多巴胺，多巴胺是能让心情变好的幸福荷尔蒙。当中彩票时，随着伏隔核的活跃，人们也能感受到喜悦。美国国家卫生研究院的墨尔（Moll）博士团队证实了，人在捐钱或赠予他人物品时，伏隔核都会被激活。由此可以确定，**当人做出利他行为时，可以通过大脑获得喜悦等回报。**

加拿大蒙特利尔大学的马力欧·布雷加德（Mario Beauregard）博士团队以照顾智障儿童的义工们为对象，拍摄了他们的脑造影。研究人员让这些义工看智障儿童的照片，尽可能回想平时照顾孩子们时的感觉，发现在看智障儿童照片时，义工们大脑中奖赏回路的伏隔核活跃了起来。这代表义工们在回想起照顾孩子们时，感到满意又满足。

哈佛大学的迈克尔·诺顿（Michael Norton）教授曾做了一个了解"钱要怎么花才会幸福"的实验。诺顿教授将装有 5 美元和 20 美元的信封分别发给两组受测者，并且要求其中一组人按自己平时的习惯花钱，另一组人则要将钱花在别人身上。2 个小时后，诺顿教授检测受测者的幸福感的变化，结果显示，以喝咖啡或者买东西等方式把钱花在自己身上的受测者，其幸福感没什么变化；相反地，将钱花在帮助邻居或流浪汉的受测者，幸福感提升了很多。这个研究结果表明，幸福感与拥有金钱的多寡无关。比起花多少钱，把钱花在谁的身上更能影响幸福的程度。

诺顿教授为了获得更准确的结果，委托了全球知名的调查机构盖洛普，在 136 个国家进行幸福指数和金钱联结度的问卷调查，调查内容为"最近是否有为了别人花钱的情形及其幸福指数"。结果证实，**幸福指数与金钱多寡无关，而是取决于钱怎么使用**。

当为了其他人或社会进行"利他支出"时，幸福指数就会增长。从利他行为中感受到幸福，意味着"利他"是所有人类共同拥有的内在本性。好比每个国家的幸福指数皆有些差异，但"幸福感"的高低与该国家的富裕程度并不是绝对相关，而是取决于社会的利他性。

那么，人类的利他性是出生后通过教育而产生的社会化产物，还是天生就有的呢？发展心理学家迈克尔·托马塞洛（Michael Tomasello）博士曾进行过一个很有趣的实验，他将一年零六个月大的幼儿与黑猩猩进行利他性的比较。由于黑猩猩与人类的基因有98％相似，因此把这两个物种进行对比可以提高此实验的可信度。

实验中，成人男性故意把笔或衣架掉到地上，并假装手碰不到；或是手上抱满东西，假装开不了柜门，以此观察幼儿的反应。每10次里，幼儿平均会有5.3次去帮助成人男性。24个小孩中有22个至少帮助过这名男性1次。以3只黑猩猩为对象进行同样的实验时，黑猩猩虽然会帮助实验人员，但是帮助的次数比幼儿少。而且黑猩猩只有在对自己有利益时，才会帮忙。幼儿的利他行为比黑猩猩更加发达——就算没有经过社会化过程的孩子也知道要合作。**简而言之，人类天生就具有利他性遗传基因。**

踏上草原的人类祖先因为太脆弱而选择群居，并发展出相互帮忙的利他行为。如果不相互帮忙就无法生存，因此利他心也逐渐融入我们的遗传基因中。大脑也尽可能让我们在帮助别人时产生幸福感，使得愿意分享、相互帮忙的心发展成人类的本性。

倾听他人的声音

同理心的德文是 Einfuhlung，是换位思考的意思。Ein 是指"里面"，fuhlen 是指"感受"，意味着"进入里面感受"。最初，同理心是被作为欣赏艺术作品的方法，指的是体会作品的内在，换位思考它的美丽，感受艺术作品的精髓。

同理心的英文是 Empathy，这个单词由表示内心的 en 和表示痛苦等情绪的 pathos 组成，顾名思义，是指内心感受到的痛苦等情绪。比如大家平时会说"有可能那样""能理解"，都是能理解并感受对方的情绪的表现。

为了建立适当的同理心，我们需要有 3 种能力。首先是发现对方想什么、感受到什么的能力；其次是换个角度站在对方

生气，也没关系：
成年人体面生气指南

立场思考的能力；最后是以适当的情绪回应对方的想法、感受的能力。

会读心的"镜像神经元"

20 世纪 90 年代初期，意大利帕尔马大学的神经生理学家加科莫·里察拉蒂（Giacomo Rizzolatti）研究了猴子大脑的前运动皮质[1]，意外发现了一个令大家瞠目结舌的结果。

某一天，研究人员在一只猴子的大脑里植入电极，等待进行下一个实验。当时研究人员正要伸手去拿花生，只见猴子直直地盯着他。就在这时，猴子大脑里植入的电极捕捉到了信号，这个信号来自于前运动皮质的神经元。

里察拉蒂简直不敢相信这个现象。因为前运动皮质是制订行动计划后再向临近的运动皮质发号施令的部位，也就是平常会使猴子做出"拿盘子里的花生"动作的部位。但是当时猴子什么也没做，只是看着研究人员伸手拿花生，而猴子大脑中的前运动皮质却做出和猴子伸手拿花生时一样的反应。这意味着在猴子的大

---

[1]　前运动皮质：Premotor cortex，是大脑额叶与运动相关的一个功能分区。

脑中，它在做出和研究人员一样的行为。

里察拉蒂将发出信号的神经元命名为"镜像神经元"（mirror neuron），意思是该神经元能反射出他人的行为。镜像神经元就是在这种非常偶然的情况下被发现的。我们可以理解成，镜像神经元是为了理解他人要做什么而让大脑自动模拟他人的行为，仿佛那些动作是自己做出来的一样。换句话说，这种神经元会读心。

人类的大脑中也有很多镜像神经元系统，它们有一个功能是只挑选人类等生命体的行为进行解析，包括行为中的意图或情绪。而汽车或机器等发出的信息则被过滤掉，无法进入镜像神经元。

人类的镜像神经元也是为了读取他人的意图、提取他人行为中的社会含义、读懂他人感情而进化的。镜像神经元不仅能理解对方的行为、掌握其中意义，而且和同理心能力密切相关。

镜像神经元让人体验和别人一样的感受，不是靠概念上的推论，而是通过感官去感受。镜像神经元将两个人连接起来，使两个大脑像产生共鸣一样同时运作，让我们能分享情绪。

镜像神经元让对方的情绪在我们体内流动，使我们与对方的感情融合在一起。这就是同理心。

最值得信赖也最危险的就是他人

人类的大脑在进化的过程中逐渐变大。经学者研究，约20万年前的人类大脑已经和现在的人类大脑容量相同。但是直到4万年前，人类才出现了语言、艺术及精巧工具等的使用。可以说，在将近15万年的时间里，大脑都处于静止的状态。学者们推测，4万年前人类大脑的结构发生了某种质变，才引发了人类文明的发展。

那么，促使人类进行文化行为的契机究竟是什么呢？学者们认为，决定性的契机就是镜像神经元的出现。随着人类的大脑为了适应群居生活而逐渐进化，镜像神经元在某个时间点出现了。有了镜像神经元，就可以模仿其他人的行为、读懂他人的心。这正是人类学习能力的基础。

工具与美术的发明可能在某个时期偶然出现，可是随着人类拥有"模仿"这个惊人的能力后，工具、语言与美术等领域迅速扩散。镜像神经元虽然不是充分条件，却是必要条件。

通过镜像神经元，人类拥有了最基本的模仿学习和文化建立的能力，并增加让我们更有人情味的心灵特质，再次促进人类演化，使人类了解他人的意图、产生共鸣的能力更加发达。

最值得信赖也最危险的就是他人，因此我们的人类祖先试着走入他人的内心，揣测对方的意图、预测他们将往哪里去，进而促使这些能力发展。如有必要，我们还会发挥帮助他人、操控他人的能力。为此，我们需要一个会听别人说话的大脑，而这个大脑的关键就是镜像神经元。

即使是疼痛，我们天生也能同感

如果出现疼痛等不愉快的刺激时，脑岛和前扣带回会活跃起来；闻到恶臭或看到别人露出不悦的表情，也会使脑岛和前扣带回活跃起来。脑岛负责处理伴随疼痛而来的不悦情绪，尤其是厌恶感。

有人曾以夫妻为实验对象，在他们手上施加压力，并观察他们的大脑。当对妻子的手背施加压力时，负责感官功能的顶叶[1]与负责处理不悦情绪的脑岛、前扣带回会被激活。接着在丈夫的手背上施加压力，并观察看着这一过程的妻子的大脑。此时，妻子大脑中负责感官功能的顶叶没有任何变化，但是前扣带回与脑岛出现了明显的反应。

---

1 顶叶：Parietal lobe，位于额叶、枕叶和颞叶之间，掌管动作、方向、空间辨识、艺术理解与欣赏等能力，与触觉、压力、温度以及疼痛有关。

英国伯明翰大学的研究团队也证实，人能体验到作用在他人身上的痛苦。这个研究团队做了一个实验，让 100 多名大学生观看比赛中受伤的选手或打针时的病人的照片。结果显示，有 1/3 的受测者会感受到和照片中的人物同部位的疼痛。接着，从这些人中选出 10 位受测者，给他们看相同的照片，并使用功能性磁共振设备拍摄了他们的大脑，结果发现，这些受测者的大脑中负责感知身体疼痛的部位被激活。由此可知，**当我们看到别人痛苦时，我们的身体也会出现同样的生理反应。**

综上所述，我们的大脑中存在消除自己与他人隔阂的相互作用与同理心中枢。

天生的同理心

我们的大脑对人类的表情比对周围的其他事物更敏感。这意味着，人与人之间的关系很重要。

瑞典心理学家丁巴格（Dimberg）的实验证实，我们的大脑对人类表情的敏感度是高于对其他事物的，甚至在我们不知情的状态下，大脑仍在不断捕捉他人的表情变化。实验中，丁巴格每 0.03 秒就会给受测者们看一个表情的图片，并观察这些人的表情变化。因为画面在很短的时间内出现并消失，所以受验者并无法确认自己看到的究竟是什么表情，但是他们的脸部却出现了变化：受测者的脸部肌肉会随着他看到的表情而摆动。当他们看到笑脸时，笑肌会动；当出现面部皱成一团的表情时，他们的脸上也会出现与生气时相同的抽搐。

人们会立刻对他人的脸部表情做出反应，即使不知道对方的表情是什么意思，也会无意识地反映出来。**尽管我们都没有意识到，但其实我们经常注意别人，并跟着做出反应。**

即使自己没有感受到疼痛，大脑也会在看到别人痛苦时做出反应，这个实验意味着人类的同理心不是后天学来的，而是天生就有。

法国国家卫生与医学研究院的丹斯格（Danziger）博士同样指出，人类天生就具有同理心。丹斯格博士以出生后便无法感觉到疼痛的无痛症患者为对象，观察他们看到别人疼痛时的脑内变化。因为这些无痛症患者从一出生就无法感到疼痛，所以最初的实验预想是他们无法理解别人的痛。但是结果却完全相反，在看到别人因疼痛而痛苦的瞬间，这些无痛症患者的前额叶与脑岛也会活跃起来。

生气，也没关系：
成年人体面生气指南

"积极聆听"，听懂情绪

大部分的人不会仅用言语来表达自己全部的心意，言语反而容易成为隐藏心声的伪装。只听别人说，很难知道对方在想什么。我们都戴着"角色"的面具在生活。你想要的东西不可能统统都得到，这就是人类世界。因此，人们通常不会将欲望赤裸裸地呈现出来。

对方的欲望会通过表情、肢体动作、行为等悄悄地传达出来。**情绪状态不同，当下做出的肢体动作、表情与行为也会不同。**若想要倾听对方说话、充分理解对方，就要看懂对方的表情、肢体、行为并做出适当的反应。

李敏贞在公司工作十年了，是社会部的记者。她原本在编辑部工作，生下第二胎后休了六个月的产假，回来上班后就调到了社会部。虽然敏贞还不太熟悉社会新闻的采访流程，却要负责管理 4 名后辈记者。每天为了准备社会部要报道的新闻，她既要分配题材，又要督促、鼓舞后辈们，忙得不可开交。

上周发生了一个重大新闻事件，李敏贞忙到几乎一周每天都是过了午夜才回家。新型传染病入侵韩国，并且出现了首例死亡患者。虽然这一周关于传染病的具体消息变多了一点，但是仍有许多琐碎的事情必须要做，再加上管理后辈们也很吃力，因此李敏贞的身体出现了不舒适的状况，时常感到寒冷，心情也很低落。她觉得自己的身体像是被打湿的棉花，又沉重又疲惫，而且被杂念烦扰的她开始失眠了。

李敏贞向金部长反映自己的烦恼与痛苦，她觉得管理后辈不是一件容易的事情，而且采访也不顺利，自己觉得很迷惘。李敏贞希望部长能理解自己的辛苦，可是部长的反应却很冷淡。他皱着眉头，好像很随意地说道："真的很累吗？最近不是好多了吗？你这样还不算辛苦呢，我以前比你更辛苦。如果你真的那么累，不如休几天假吧！"

李敏贞想要的并不是休假，而是部长一句安慰的话。"就算没有安慰，也希望他能知道我很累。"这是敏贞的内心真实想法。

虽然事后部长给她休了假，但敏贞仍然很不满。这是为什么呢？说穿了，这是因为部长只是听敏贞说话，并没有"用心地倾听"。我将这称之为"消极聆听"，意思是没有仔细倾听对方想要说什么，反而挑自己想听的信息出来听。相反地，一边听对方说话，一边试着同理对方的感觉、情绪与想法的做法才是"积极聆听"。

在倾听的过程中，不少人会凭借经验、价值、信念等，过滤对方说的话。 越是处在上位者，越容易犯不听下位者把话说完的错，急急忙忙地决定"是"和"不是"。不少人还没有听完对方的话，就急于下达指令或是开始表达自己的想法。

当金部长说"你这样还不算辛苦呢"的时候，李敏贞就关上了心房。比起休假，李敏贞更希望部长能理解并认可她辛苦的工作。如果此时金部长问她："哪一点让你觉得特别累呢？你希望我怎么帮你呢？"即使不给休假，也能让李敏贞的心情放松一点。这样的态度就是积极聆听。

比起语言，我们的心意更容易通过表情或态度展现出来。金部长皱眉的表情正是"我没心情听你说话"的意思。如果想要积极聆听，最好与对方对视并露出温和的表情，自然地点点头，少些诉说者的心理抗拒，对话就能变得更坦诚。**积极聆听不仅是单纯地"听"和"回应"，而且需要读懂对方的状态和情绪。**每个人都希望对方能马上对自己说的话做出反应，"我在认真听你说话"的信息会通过表情、眼神与态度表现出来，这对于沟通来说极为重要。

摒除自己的想法，打开眼睛、耳朵和心，好好地聆听，这会让对方觉得自己被理解。当有人倾听自己说话时，不论是谁都会感觉到自己被认同。即使和对方有争执，采取这种态度也能缓解矛盾。积极聆听是激活同理心回路的第一步。

被语言蒙蔽的误区

前面曾介绍到的雷蒙德·卡佛的短篇小说集中，有一篇名为《一件很小很美的事》，故事的最后一个场景颇让人回味并感受到暖暖的安慰：因为车祸而丧失儿子的夫妇被愤怒冲昏头脑，冲进他们为儿子订生日蛋糕的面包店。不知道他们儿子遭遇车祸的面包店主人，这才发现自己犯下无心之过。

"我儿子死了。"她冰冷而决绝地说。

"星期一早晨，他被车撞了，虽然我们一直陪在他身边，结果他还是走了。当然，你不可能知道这件事。你只是个面包师傅当然不可能什么都知道，是不是？但是那孩子死了，我说那孩子死了！你这个混蛋！"

这时才了解隐情的面包店老板真心地道歉：

"我知道，我无法为自己的所作所为开脱，但我是真的感到很抱歉。我为您的儿子感到难过，我为我在那种情况下所做的事向您道歉。"

面包店老板说着，将双手抽出来放到桌子上方，翻过来，露出掌心。

"我没有孩子，所以我现在只能尽量想象你们的心境。现在这瞬间，我唯一能说的只有对不起，请你们一定要原谅我。"

"你们可能需要吃点东西！请尝尝我做的热面包圈。你们得吃点什么才能打起精神。像这种时候，吃是一件很小的事，却能帮得上忙。"面包店老板劝说他们吃自己做的面包。

之后，面包店老板和他们一起坐下来。他等着，一直等到他们各自将盘中的面包圈拿起来开始吃。他看着他们说：

"吃东西是一件很美的事，这还有，请享用吧！想吃多少就吃多少，全世界的面包圈都在这里。"

他们吃了面包圈，喝了咖啡。妻子突然觉得很饿，而那面包圈又热乎又香甜，她吃了三个，这让面包店老板很开心。面包店老板开始聊了起来，夫妻俩集中精神地聆听，他们很疲累又悲痛，却还是听着面包店老板想说的话。

面包店老板讲起孤独，讲起他在中年感到的那种自我怀疑与无能为力。从他一开始说话，夫妻俩就点了点头。他跟他们分享他是如何在没有子女的情况下生活的——每天反复地把烤箱塞满面包，然后又清空。他们一直聊到了清晨，又聊到窗外太阳高挂，还没有想要离开的打算。

不依照自己的标准做出判断，而是敞开心胸听对方说话，我们就可以理解对方的立场。换位思考始于积极聆听，如果努力站在对方的立场上看事情，就可以共享对方的情绪与经验，这就是换位思考。虽然我们无法体验到和对方一模一样的感受，但是可以共享相似的情绪。当我们可以换位思考时，请不要只停留在积极聆听的阶段，而是必须持续站在对方的立场上努力理解他。要知道对方处于什么状态，自己才能有一模一样的感受，不是吗？无法分辨对方是生气、恐惧还是厌烦的话，就无法与对方的情绪相通。

这时，重要的是那些藏在非语言线索中的感受。前面也提到，人们不会通过语言来进行完整的沟通，言语表达有时候反而容易隐藏真心。要想了解一个人，就必须好好观察对方说话时的表情、声音、态度与肢体动作等。

美国心理学家艾尔伯特·麦拉宾（Albert Mehrabian）早在四十多年前就提出了一个有趣的研究结果。他指出，人在对话时，通过语言内容表达意见的比重只有7%，剩下的93%是非语言因素。也就是说，语气与语调等占了38%，表情、肢体动作、态度则占了55%。这表明在沟通时，表情、肢体动作、对视或语调等非语言因素比实际说话的内容有着更大的影响力。

如果知道对方的心情，那么就请站在对方的立场上感受一下；如果能更贴切地表达出来，那就再好不过了。除了语言外，也请留意对方的"非语言"表达。请试着换位思考看看吧，这会让彼此的距离更近。

请锐化"镜像神经元"

罗曼·加里[1]的小说《如此人生》(*La Vie Devant Soi*)描述了弱势群体彼此照顾、相互安慰的故事,他用优美的文笔写出了既悲伤又幽默的故事。

被父母抛弃的10岁男童毛毛和年老多病的罗莎太太一起生活,从前一直是罗莎太太照顾毛毛。自从罗莎太太脑中风后,毛毛便反过来照顾罗莎太太。毛毛与罗莎太太相互扶持的感情令人动容,其中,毛毛无法离开垂死的罗莎太太的一幕更是令人看得胸口发闷。

黑暗中她的脸色看起来很不好。我点燃了所有的蜡烛。我拿着化妆品,为她画上口红,并在脸颊拍上粉扑,照她喜欢的样子画了眉毛。眼影则是涂的蓝色和白色,接着帮她点上平常都会点的美人痣。我还想为她贴上假睫毛,但我不太会贴。尽管她现在已经停止呼吸了,不过没有关系,因为就算她没有了呼吸,我还是一样爱她。我躺在铺在她身旁的垫子上。(……)

---

1 罗曼·加里:Romain Gary,1914年5月21日至1980年12月2日。法国小说家、电影剧本作者、外交官,是唯一一位两次获得龚古尔文学奖的作家。

她现在不再和我在一起了。虽然我亲了她一两次，但是都没有用，她的脸越来越冰冷。华丽的毛帽下戴着红色假发，这位太太真是非常美丽。每次我从睡梦中清醒时，都会帮她再补一下妆。我就睡在她身旁的垫子上，我害怕出去，因为外面什么都没有。

多阅读小说可以提高同理心能力，这是因为小说可以帮助我们站在别人的立场上看事情，想象对方在那种情况下会怎么思考、有什么感觉。把自我的界限往外扩张的同时，也更能理解他人的世界，了解别人的想法、情感、欲望与动机等。通过文学作品，我们可以成为更加富有同理心的人。

人类有学习别人的习性，也就是所谓的"模仿本能"。被推测为人类最早艺术作品的原始时代洞窟壁画，也是为了模仿狩猎而画的，人类通过模仿来创造艺术作品，并发展了文明。

随着模仿进化成了人类的本性，我们的大脑便形成了镜像神经元。**镜像神经元的发达，让人类不再只是模仿，更是借由同理心重振人类社会。**早在一百年前，俄罗斯大文豪托尔斯泰撰写有关人类模仿本能的书中就提到了神经生理学家里察拉蒂发现的"镜像神经元"。根据托尔斯泰的描述，人类是会模仿他人行为与情感的动物，并因为模仿的本能而让艺术深入人心。托尔斯

生气，也没关系：
成年人体面生气指南

泰在他的《艺术论》（*What is Art?*）中强调，艺术的精髓在于通过表情、肢体行为及情感引发他人的共鸣。

艺术创作的过程，就是人类通过耳朵或眼睛接触到他人的情感时，感受对方经历过的事情以及体验和对方同样的情感的过程。举一个很简单的例子，如果一个人笑了，看他笑的人也会变得很开朗；如果有人哭，听到哭声的人也会变得很悲伤。无论我们是哭，还是笑，对方看到后也会呈现一样的状态。如果动作、声音、勇气、决断、孤单或稳重等出现时，这感觉也会如实地传递给对方。你在痛苦时发出呻吟或出现痉挛，这痛苦也一样会传递出去。

艺术是人类相互交流的媒介，是让所有人拥有同样情感的手段，通过艺术我们得以更快地散播情感。

著有《终结感》（*The Sense of an Ending*）等小说的英国著名作家朱利安·巴恩斯是这么说的："我是通过书第一次了解到除了我以外的另一个世界。我第一次试着想象，成为别人是什么样的心情。"

文学作品是使人超越自我、扩大同理心的好工具。

歌德的《少年维特之烦恼》（*Die Leiden des jungen Werthers*）充分展现出艺术的传染性。该小说描绘年轻人维特因无法实现的爱情而伤心过度，最终举枪自尽的故事。在 18 世纪末期，这部小说强烈地冲击着欧洲年轻人的内心。小说出版后的一段时间里，不少年轻人模仿维特举枪自尽，这个现象被称为"维特效应"（Werther effect）。人们学虚构人物维特自杀的现象，显示出文学作品也会给现实社会带来很大影响。

艺术作品的美丽有时候会带来感动，有时也会带来刺激和兴奋。可是，最令人为之着迷的地方，是艺术作品能让人融入其中，并感受到情感的净化。艺术的意义在于它是人类联系的交流手段，接触的艺术作品越多，越能提高自我的同理心能力。从作品中看到、感受到的美学体验，可以提高我们和外在社会的沟通能力。

文学作品能滋长我们的同理心能力。我们可以一边阅读故事，一边感受其中的情感。如果深陷在故事当中，不仅心里会随着故事情节焦虑不安，还会出现手冒汗等生理反应，仿佛故事的主人公是个真实存在的人。当我们完全换位思考时，会深刻地感受到主人公的心情。

小说中的主人公总是渴望某些东西，但却很难得到。故事的情节总是设定为主人公勇敢地去追求想要的东西并不断地遭遇挫折、陷入纠结，直到最后做出决定胜负的一击才达成目标。**这样多元的体会，使喜欢阅读故事的人会比别人更擅长换位思考，**

尤其是对于别人的悲伤或罪恶感等情绪，更容易产生共鸣，更能够感同身受。

不被他人操纵情绪使用说明

小说中的主人公像是替我们体验了一次人生，完成我们还没有经历或是难以实现的情节，让我们得以不承受任何风险却获得了同理心能力。

第 **6** 章

. . .

驾驭愤怒，
成为改变生活的起点

有时候我们要懂得拿出心中的盾牌来对抗他人的恶，
或是拿捏我们与他人的适当距离。没有人可以完全理
解别人的心，因此我们需要培养从容的自己，让我们
有勇气与自信，去面对每一段与他人的相遇。

不做苦恼的完美主义者

自恋型人格

米兰达（梅丽尔·斯特里普饰）是掌控全球时尚风向标的时尚杂志主编，她的个性刻薄又古怪，简直是一位恶魔般的主编，所以她的下属们总是无法放松警惕。

安迪（安妮·海瑟薇饰）是一名怀抱远大梦想来到纽约发展的女孩子，她很幸运地被选为时尚界传说——米兰达的秘书。这像是美梦成真一样。可是，米兰达却不分昼夜地打电话给安迪，对她下了很多无理的命令，这使安迪对职场生活产生了怀疑。

电影《穿普拉达的女王》（*The Devil Wears Prada*）描绘了一

个在专业领域中获得成功的自恋狂形象。对米兰达而言，其他人不过是工具而已。这种人总是认为自己的事情最重要，必须最优先处理，认为其他人必须无条件地配合自己。他们对于自己的能力评价过高，对其他人的成就却不以为然。因为缺乏同理心，所以他们很少称赞他人，也不想理解他人的感受。

即使在飓风来临时，所有航班被取消的情况下，米兰达仍执意要求安迪准备好飞往纽约的机票。安迪回复她说："我询问过了，因为天气状况，所以航班都被取消了，没有飞机会起飞。"米兰达却催促道："只不过是下点雨。这不是你该做的事吗？你必须让我回得了家。"就算为自己工作了十八年的秘书辞职了，米兰达依然丝毫没有顾忌。她认为下属只是满足她自我欲望的工具。

除了电影之外，我还想举一个自身的例子，那是我在精神科实习时的事了。那段时间，我跟随某位名教授实习，却渐渐有了"我究竟是谁？"的疑惑。当时我替不少被教授名声吸引、慕名而来接受治疗的病患医治，而且在诊治期间还不分昼夜地查找教授要写的论文的资料。这样过了三个月后，教授却连我的名字都记不住。他不是不知道我的存在，而是根本就没有兴趣了解我。一起吃午餐的时候，教授总是不断地炫耀自己的成就，对于我关注的领域或是实习的情况，却一次也没有问过。

尽管在教授夸耀自己时，我会和他对视，并且点点头，假装很认真地在听，但是在教授面前，我几乎等同于透明人。所谓的"我"并不存在于那个位置，而是像一个自动点头的机器人一样坐在那里。

教授像是要从干抹布里硬挤出一滴水似的，在我已经难以承载的工作量下，硬要我做翻译论文和整理数据等一大堆事情，却从未说过"辛苦了"或是"谢谢"。一旦我不小心漏掉了其中一件事情，他就会大发雷霆。回想起来，这位教授就是典型的不把他人放在眼里的自恋型人格。

我们无法和过度自恋的人建立一段有意义的关系，因为他们并不认为对方是一个独立个体，而是将对方视为他们投射理想自我的对象。周围的人只是为了满足他们的渴望并突显他们的存在罢了。他们经常相信自己是对的，所以不会认真地反省自己，就算犯下很明显的错误，也只会嘴巴上说道歉而已。如果他们没有获得好的待遇，内心便会累积怒火，一旦被他们抓到把柄，愤怒就会瞬间爆发。

生气，也没关系：
成年人体面生气指南

精神变态型

提到精神变态者，一般人都会联想到连环杀人犯。没错，大部分的连环杀人犯都是精神变态者，可是，在精神变态者人群中，杀人魔只占了极小一部分。据推测，全球总人口有1％左右是精神变态者，虽然约有一半重大罪行是精神变态者犯下的，但是被关在监狱中的精神变态者却不到其总数的20％。大部分的精神变态者生活在我们的周围，他们工作、成家立业，甚至在很多领域里获得了成功。精神变态者很难一眼被看出来，他们外表看起来正常，能言善辩且非常干练，让人觉得很有魅力的也不在少数。

你见过冷静、傲慢、狡猾又让人觉得很有魅力的人吗？大多数成功的CEO都是如此。他们一边执着于权力且有很强的好胜心，一边无法忍受倦怠。对他们来说，在企业中爬到最高地位并不是一件奇怪的事。精神变态者容易冲动，却不轻易失去理性，能敏锐地掌握状况并分析事态。他们不断地追求刺激、拼输赢，这意味着他们享受挑战。在企业中，拥有这种倾向的人更受青睐。冷静又善于权谋的精神变态者，要么会成为极度危险的人，要么成为企业高管。曾有调查结果显示，精神变态者成为企业高管的概率比成为保安的概率要高出4倍以上。

这是发生在一家大企业的事情。林成民是贸易部门的领导，手下管理着三个小部门。他身材修长，口才也很好，但是对下属员工却过于严苛，是个懂得恩威并施以获得他人信任的双重人格者。他让自己管理的三位部门经理进行忠诚度竞争，一旦事情成功，就当作自己的功劳向上级汇报；如果业绩不好，则把过错全推到下属身上。他不仅会阻拦员工晋升，还会把自己不喜欢的员工转到其他部门。可是，即使下属对林成民怨声载道，他还是一路平步青云。没过多久，他就晋升为分公司的总经理。

成为总经理后，林成民将忠诚的两位经理提拔为高层管理人员，并且再次让他们进行忠诚度竞争。为此，两位高管以及底下的员工们不得不拼命地工作。就在这期间，一位员工因为过劳导致脑出血昏倒了，这是一个足以被认定为工伤的状况，但是林成民担心事情会波及自己，便要求下属金部长不择手段地阻止这件事被判定为工伤。金部长虽然觉得良心不安，还不得不照着领导的指示去做——因为他知道自己如果违背指示的话，就会被解雇。于是，金部长伪造工作日志，并让该部门员工统一口径，用尽各种无理的方法来处理。六个月后，金部长不出意料地升职了。

不管在哪个组织中，精神变态者都很活跃，尤其是金融业。金融业杂乱无章，有很大的流动性，这种特质适合精神变态者的壮大与发展。冷酷无情爱算计，并且相当善于权谋的精神变态者会把金融业的这种环境当作原动力，将自己推上巅峰。大家还记得 2008 年影响全球的金融危机吗？有人认为造成这次危机的主责任人正是"华尔街的精神变态者"。他们只专注于成功，完全不关心公正和平等这些价值。在他们眼中，良心是成功的绊脚石。他们从一开始就不在乎其他人的理解和痛苦。他们充满谎言和诈欺的行为导致人们盲目投资，结果造成致命的危机。

精神变态者不会承认自己的错误。与其说不承认，倒不如说他们根本不知道自己做错了什么。精神变态者的大脑中根本没有罪恶感或是责任心这些词汇，只有自私和自我保护的本能。

不管做什么选择，道德价值都不是精神变态者们的考量因素之一，他们只会计较金钱和效率。他们没有罪恶感，所以情感不会起伏，想法和行动也比一般人更加自由。他们会用华丽的话语和理论来武装，使自己的行为合理化。因为不需要在意旁人，所以他们非常自大。他们洞悉周围的环境，又天生具有耍各种手段的能力，一旦发现对方有利用价值，就很轻易地将其利用或欺骗。

马基雅维利型

不久前，韩国热播一部描述上班族的生活悲欢的电视剧《未生》(*Misaeng*)。演员李璟荣饰演的崔专务是为了得到想要的一切而不惜牺牲他人的冷血角色。他是一个精于阴谋诡计，并且为了得到权力无所不为的人。

有一天，崔专务的下属因为做错事而被迫引咎辞职，离开了公司。而这件事最初是由崔专务提出并交代下属去执行的，他却把责任完全推给了旁人。就连要求下属离开公司也是崔专务的意思，但他为了让自己脱身，将事情捏造成是他手下的吴科长把员工赶走的。崔专务是典型的为了获得自身利益和权力而不择手段的马基雅维利型上司。

马基雅维利是擅长权谋术的大师，是写下掌握权力属性兼独裁者指南的政治理论家。他撰写的《君主论》(*The Prince*)中的名言之一是："成为被人畏惧的对象比被人爱戴更有价值。"为了达到目的，他们不择手段，而且在达到目标的过程中，给别人带来痛苦也不是什么问题。马基雅维利看透了追求个人利益是人类本性的事实，并且强调追求利益是唯一一个推动人类进步的力量。

马基雅维利型与自恋型、精神变态型的共通点是挑剔又自私，不过，马基雅维利型的人比另外两种类型更加现实且处事果断。他们不会提不切实际的要求，也不会为了给别人留下好印象而努力。他们只是在追逐权力的同时，为了让自己的利益最大化而不择手段地前进。

马基雅维利型的人非常以自我为中心，对利害关系相当敏感。虽然比精神变态型好一点，但是马基雅维利型的人完全不在乎别人内心可能会受到的伤害。他们追求权力的特征表现为想要操控其他人，不仅会适当地吹捧下属，也会尖锐地指责。他们热衷于拉帮结派，不站在他们这边的人，自然会成为他们批评的对象。越是善于权术的人，疑心病越重，因为他们认为其他人也跟自己一样，所以不会信任周围的人。这些人拥有读懂对方在想什么的能力，在特定情况下也能预知对方会有什么反应。

善于谋略与阴谋的马基雅维利型人脸皮很厚，因为他们对他人痛苦的共鸣能力很低，所以不会有罪恶感。即使是效忠他们很久的下属，一旦他们判定这个人对自己不再有帮助时，就会立刻抛弃。

避不开的话请聪明地无视

"当作没听到，左耳进右耳出。"

"别太在意。"

这种话不怎么能宽慰人。别说让人感到安慰了，说出这些话就像是完全不了解对方一样，反而会造成更深的伤害。不过，如果有人因为自恋型、精神变态型、马基雅维利型的人而心里受到伤害的话，不光要"就这样算了"，而且必须彻底无视。**因为这不是自己的错，而是他们的问题，根本不需要把他们的话听进心里。**彻底无视他们，不要投入任何情感，就不会受到伤害。

当你碰到习惯于压榨员工的领导时，解决方法只有一个，那就是尽可能地避免和他产生冲突，安安静静地过日子才是上策。不要被对方抓到把柄，不要让对方将恶意发泄到我们身上。

请抛开和对方建立正常人际关系的想法，**生气或吵架都是大忌，因为向对方生气代表你对对方有某种程度的期待**，干脆收起这种期待，实施彻底无视的战略。也就是说，完全不要花费任何精力在他们身上。

如果你一直保持无视，还是被对方当成发泄情绪的目标的话，那么你需要冷静又坚决地表达自己的立场。这时请切记，不要流露出慌张或是表现出感情用事的反应。他们会利用这些反应试着找出漏洞，抓住把柄，来操控对方。

在不带有任何情绪的状态下，跟对方说明他做什么行为会让自己难受，同时尽可能地减少往来。如果在这种情况下，还继续遭受不合理的对待的话，那么建议你考虑更换部门等完全断绝往来的方法。

滋长心灵的从容感

保持距离，有益身心

法顶禅师[1]曾说："我们上山修道不是为了躲避人群，而是为了学习发现他人的方法。"人际关系中出现问题的原因之一就是无法与对方维持"适当的距离"。偶尔与要好的朋友们一起旅行时，会在旅途中争吵或是发现对方令人失望的一面，造成关系的恶化，其原因之一就是没能保持适当的距离。人际关系中发生的所有状况，都缘于与对方的"距离"。

之所以动物行为学家们会研究动物如何处理空间与距离，以

1　法顶禅师：韩国当代最具代表的修行精神僧侣。

及个体数如何随着空间变化而改变等等，是因为空间是影响动物生存的最重要原因之一。如果无法扩大空间，动物们会承受数量激增的压力，进行生存斗争。一旦爆发斗争，个体数就会随之减少。为了防止这种情形的发生，各类物种努力确保自身有一个适当的空间。可以说，动物们的领地之争几乎是出于本能。

距离与空间对整个人类历史也产生了重大的影响。始于1347年意大利热那亚的"黑死病"到14世纪快结束时夺走了欧洲一半以上人口的性命。肆虐中世纪欧洲的黑死病，其最有可能的发生原因是鼠疫杆菌，另一个原因则是空间。在人类变密集之前，也就是人类聚集在固定空间生活之前，未出现过鼠疫。从9世纪到13世纪的400多年间，西欧人口快速增长，这样密集的生活环境对于寄宿在人类身上的微生物而言是最棒的温床。

空间与距离对人际关系也会产生极大的影响。人类在密集的环境下会提高攻击性。**如果没有私人空间的话，人类会变得很烦躁，暴怒的可能性也会变高。**美国人类学家爱德华·霍尔（Edward Hall）将人际关系按照距离的远近进行了分类：以自我为中心，半径45厘米以内是绝对的个人空间，父母与子女、情侣或夫妻间，或是有时被允许身体接触的人才能进入这个空间；以自我为中心，半径46厘米到1.2米的范围，是可以接受与亲密的人接触的空间，比如要好的朋友或相当亲近的人；如果是陌生人，至少需要保持 1.2 米以上的距离。如果无法保持适当的距离，人与人之间会产生不快或警戒心，带来负担。

距离不仅代表物理范围，它更是心理上的范围。对个人空间距离要求比较高的人，当对方想要靠近时，很容易会有强烈的抗拒感。当我们认为对方在侵犯自己的空间时，也会产生压力。所有人际关系中的不成文规定就是，与对方保持适当的距离，不能太靠近。对于个人来说，也不能太轻易暴露自己的一切，给对方留一些可以接受的余地会更好。模棱两可的距离反而是维持关系的润滑油。

生气，也没关系：
成年人体面生气指南

钝感力也是一种竞争力

据说，人类的幸福感在 10 岁左右达到顶峰，然后开始下滑，到 40 多岁时跌到谷底，50 岁左右又开始往上升，整个过程呈"U"字形。年纪越大放弃的越多，所以我想，对事物的期待值越来越低可能正是幸福的秘诀。随着年纪的增长，人也会变得迟钝，这也与幸福感上升有关。

生活中，我们有时会遇到不喜欢的人或困难，这时，**敏感的人容易动摇、被摆布，执着于他人的期待与反应，往往忽略自己真实的感受，进而对没有善待自己或对自己漠不关心的人的反应更加敏感。**这些人会因为对方的一句话而感到伤心、痛苦，并且当自己要说话时，也会一边担心对方的反应，一边观察对方的脸色。他们将注意力高度集中于对方的每一个反应，身心自然会很疲倦。

日本作家渡边淳一在他的《钝感力》一书中大力赞扬"充满智慧的迟钝"。他主张"情绪或感觉迟钝"不是缺点，而是力量。尤其是在人际关系中，"钝感力"能在糟糕的情况下发挥有益的作用。

钝感力是能不被小事动摇、不被伤害的能力。有钝感力的人在很糟糕的情况下也能不受影响，他们能够马上将不好的感受抹去，找回心灵的平静。他们对于任何事情都不会有剧烈的反应，也不会被负面情绪包围，所以幸福感非常高。

没有人可以完全理解别人的心思，这就是为什么包括夫妻关系在内，所有人际关系都很难维持的原因。因为每个人的经验不同，各自拥有不同的理念，所以很难相互理解和沟通。可是大多数人都希望能获得别人的理解与认同，而当这种渴望与期待无法得到满足时，他们心里就会受伤、感到痛苦。

如果我们想培养钝感力，就必须降低对他人的期待，如同我们无法彻底地理解旁人一样，其他人之于我们也是如此。我们需要减少对于"别人读懂我们的心、理解我们"的期待。如果一不被理解就觉得很伤心的话，自我的自信也会渐渐损伤。既然不可能改变别人，就请改变自己。

不过，这不是要你对他人的痛苦麻木不仁。如果周围有经历

生气，也没关系：
成年人体面生气指南

过困难或内心受伤而痛苦的人，我们仍需要倾听对方并发挥同理心。钝感力是针对自己的，是要你在接收可能给自己带来伤痛的事物时，变得迟钝一点。

不被他人操纵情绪使用说明

　　迟钝有时候是我们的保护伞，撑开它可以保护自己不受伤害，但这并不是要你隔绝与他人的联结。保护自己之余，也要懂得倾听他人的心并发挥同理心。

人生要会"抓"，也要会"放"

活在现代的我们，总是不断受到外界或他人的刺激，大脑也因此不停地运作，从而出现疲劳，对此我们称为"燃尽症候群"[1]。

如果一整天都使用智能手机，手机电池的电量会耗尽，大脑也是一样。在这种状态下，人的欲望会减少，不管做什么事都不会太高兴。因为心里没有空间，所以共情能力也会下降，一点小事就容易愤怒，一不小心就会因为意想不到的事情而爆发过分的愤怒。

即使大脑已经很疲惫，大多数人还是会尽力回应外界的反应

1　燃尽症候群：Burnout syndrome，长时间置身于极大的生活压力下所出现的症状。

与刺激，因为他们相信如果能与他人关系融洽，心情也会变得轻松。可是，越是这样，**大脑越是疲累，能量会流失，幸福感会下降。**

这时，必须为大脑充电，而最好的来源便是人、自然和文化。并不是休假时在家一直睡觉就能使自己充满能量，我们更需要的是与人的交流和沟通，寻找自我存在与感受幸福。

对着镜子喊口号是没有用的，内心依然会感到空虚。当我们从别人那里得到"你很不错"的回应时，我们会感到很欣喜。当然，能和喜欢的人一起活动更能锦上添花。但是，这也是有极限的，不能过度渴望满足他人的想法而忽略了自我。

人际关系有时也会产生压力。所以，我们需要亲近大自然。试着晒晒阳光，观察树木、野花和云朵，烦人的杂念便会消失，也能为自己补充能量。观察大自然时，要完全融入大自然。日本某位诗人曾说，看一棵树也是有步骤的，比如单纯看树、看树木摇晃的模样、看树的种类、观察大树的生命力，又或者看在大树下休息的人等，有很多观察树的方式。

如果我们能摆脱平常的习性，用不常使用的方式看世界，就可以为自己补充能量，也会增加创造力。欣赏艺术作品是很有帮助的，看艺术作品时，可以为平时运作的逻辑和理性大脑充电。

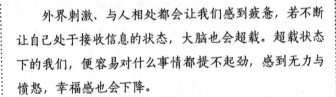

不被他人操纵情绪使用说明

外界刺激、与人相处都会让我们感到疲惫，若不断让自己处于接收信息的状态，大脑也会超载。超载状态下的我们，便容易对什么事情都提不起劲，感到无力与愤怒，幸福感也会下降。

生气，也没关系：
成年人体面生气指南

与人相处，幸福感才能持续绵长

当考上想读的学校、晋升或跟喜欢的人表白时，我们会感到兴奋、激动，可是像这样激动的瞬间在我们的一生中却屈指可数。我们的野心开始变大，有的人认为要多赚点钱，成为富翁后才可以过得更幸福。一旦收入变多，在得到想要的东西的瞬间，我们的确会感到兴奋与幸福，但是这种幸福感却不会持久。因为收入变多的同时，我们的期待也变高了，这就是"边际效用递减"法则[1]。

在一项研究中，研究人员连续追踪观察了某一群人36年的

---

1 "边际效用递减"法则：The law of diminishing marginal utility，出自经济学概念，泛指开始的时候单位收益值很高，越到后来单位收益值就越少的情形。

生活。当记者问受访者，如果要建立四口之家大概需要多少钱时，结果显示，收入越多的人回答的生活费用也越多，并且将受访者的实际收入与回答的所需生活费比较后发现——**不管赚再多钱，人们依然无法感到满足。**

当一个人赚到很多钱时，起初会像第一次学会跑一样开心，但是那种兴奋与激动不会维持很久。提高了的幸福指数会随着时间的流逝而恢复到平时的水平，这就是适应性现象。如果开心与幸福可以持续不是很好吗？为什么还会出现适应性现象呢？这是为了生存。吃着肉汁丰富又烤得软嫩的牛排时，我们会感到满足，但我们不可能仅享用一次美食后，就选择继续挨饿。如果想重新找食物吃的话，就必须忘掉吃肉时的快感。

只有将快感重置回原点，我们才能再次找回快感。如果不这么做，我们就不可能生存下去。资产累积得越多，对生存越有利，所以晋升的愉悦感会在几天后消失，这样的话，成为科长的人就会为了成为部长而继续努力。

曾有研究指出，如果将学历、职业、地位与经济能力等全部作为考量因素，借以衡量每个人的幸福程度，那么每个人的幸福程度差距约为10%。尽管如此，为了填补这10%的幸福感，很多人会投入大部分的时间与精力，去努力、去奋斗，尤其是去赚钱。对很多人来说，钱是维他命一样的存在，一旦缺少就像是得了严重的疾病般痛苦难耐，但是过度摄取却对身体无益。

其实，**时刻感到幸福并不是人生的必要条件**，因为快乐是很难长时间延续的。多体验几次小确幸反而更适合人类的发展与生存。换句话说，幸福不取决于快乐的强度，而取决于频率。幸福不能着眼于遥远的未来，而是要从当下的日常生活中发现，也就是从小事中感受。

幸福来自于日常生活的安逸与满足感，而为大脑补充幸福感的最好方法，便是感受愉悦。只要集中注意力在每个瞬间，日常生活就会焕然一新。不要漠不关心地路过平常看到的自然与风景，请试着停下脚步，感受风的吹拂，抬头看看无时无刻不在改变形状的云朵。仔细观察、换个角度欣赏的话，你会感受到不同的风味，内心也能更加充实。

我们不是为了补充咖啡因而喝咖啡，而是品味咖啡中的苦味、酸味或甜味。同样地，也请试着闻闻刚出炉的面包的香味，或是沉浸在水果的滋味中。

就算拥有再多的物质，时间久了，满足感也会下降。但是人际关系的幸福感却不适用于"边际效用递减"法则。**从友情或亲密关系中感受到的满足感，要比赚钱或得到地位时的雀跃感维持得更久**。幸福的婚姻生活或子女关系带来的满足感，不会随着时间推移而有太大变化，所以强化并享受人际关系是获得幸福的捷径。有研究显示，真正幸福的人不仅会多花时间与他人在一起，也会把自己的资源多放在与人相关的事情上。

心理学家们也曾表示，想要提高幸福感，比起买自己想要的物品，购买旅游等各种经验或体验类的产品会更好。心理实验证实，在表演或旅行等体验活动上消费越多的人，越容易感到幸福；在衣服或物品等物质上消费越多的人，幸福感则越低。仔细想想，这也是理所当然的。即使真的把想要的包包弄到手了，也会有人提着更好的包包出现。然而，每个人的生活体验各有特点，很难互相比较。因此，即使我们得到了更高级的物质，但从物品中得到的愉悦却稍纵即逝；与之相反，如果我们为了与别人一起共度美好时光而旅游，从中获得的幸福感则恒久绵长。

 不被他人操纵情绪使用说明

幸福不取决于快乐的强度，而取决于频率。幸福不能着眼于遥远的未来，而是要从当下的日常生活中发现，也就是从小事中感受。

生气，也没关系：
成年人体面生气指南

认知情绪，
在复杂的世界里做个明白人

如果得了小感冒，即使不去就医，身体也会逐渐痊愈。我们的身体拥有自愈的能力，心情也是如此。即便精神遭受冲击、内心受伤，随着时间的流逝，同样会慢慢愈合。但是，比起肉体上的伤口，心理的伤口更难彻底痊愈。遭遇或目击过很大的事故后而产生的创伤后应激障碍[1]就是典型案例。大部分的人在失去了最珍惜的人后，随着时间的流逝，他们的失去感会慢慢变淡；但如果是得了抑郁症的人，即使过了好几年也走不出来。和罹患重

---

[1] 创伤后应激障碍：Post-traumatic stress disorder，简称 PTSD。又称创伤后遗症，指人在遭遇或对抗重大压力后心理状态失调的症状。

症很难自然痊愈一样，心理创伤也很难治愈。**如果不及时对自己难以承受的心理创伤采取措施，就可能埋下不幸的种子。这样一来，时间就不是解药，而是毒药。**因此，在心病加重之前，要通过咨询等方式减轻内心的冲击。如果内心受伤或生病的话，请务必尽早诊断、治疗。

平时不太容易生气，却在某天突然变得异常烦躁。如果出现这样的情形，并且一直延续的话，建议尽快接受专业的心理咨询。我们常常以为，只有心情低落才是抑郁症，但其实抑郁症有千百种症状——有的人会食欲下降、受失眠之苦；有的人会全身无力、非常疲累，对任何事情都提不起兴趣；甚至有的人会很难集中精神在同一个地方，头脑不灵活，记忆力下降，受头痛、腰痛等各种疼痛之苦，觉得自己好像罹患了什么不治之症一样。从心情、想法、行为到认知功能与生理功能都出现问题，就很有可能是抑郁症了。

患有抑郁症的人容易多愁善感，被拒绝时更加敏感，有时候会勃然大怒，因此也经常被周围的人误会。对于上班族来说，几乎整天都在职场上度过，除了原有的工作压力外，患有抑郁症的上班族的主要压力来自于工作场合中的各种人际交往。同事们会误以为患有抑郁症的人个性古怪或是脾气坏，并且对其避而远之。然而，越与人群疏离，抑郁的症状就会越恶化，如此一来，

生气，也没关系：
成年人体面生气指南

患有抑郁症的上班族只好辞职或辗转到其他地方工作。

但是，这一切并不是个性的错，而是因为抑郁症。抑郁症是可以治疗的。如果你觉得身心有什么强烈变化，必须尽快接受专业的咨询。

在过去五年间，韩国的恐慌症[1]病患激增了 2 倍左右。恐慌症是指突然心跳加速、呼吸困难而产生的可能会死亡极度恐惧感的疾病。

如果遇到猛兽，我们会呼吸困难、心跳加速，全身肌肉也会紧绷，这是交感神经为了决定要正面战斗或逃跑而兴奋的结果。如果并不是处在危险的状况下，大脑却异常地响起警报，这就是交感神经误判情况的结果。

目前，我们尚不清楚恐慌症产生的原因。但是可以肯定的是，它与压力有关。据悉，恐慌症是艺人们经常罹患的病，甚至有人怀疑那是不是"艺人病"。李秉宪、金章勋、车太贤、金九拉等都曾表示自己得过恐慌症。

艺人们容易罹患恐慌症的原因，恐怕与极度严重的压力脱不了干系。靠人气吃饭的艺人们很在意别人的反应，会因为人气的

1　恐慌症：Panic Disorder，是一种使人极度焦虑紧张的疾病，特点是患者会有濒临死亡的恐惧与感觉，会出现胸闷、心悸与呼吸困难等生理症状。

突然上升或下滑而比一般人承受更大的压力。

压力一累积，大脑的警报系统就会出现异常反应，这就是恐慌症。最近恐慌症病患在韩国激增的原因，应该也有社会压力的普遍增加。

如果你承受着极度严重的压力，是很难靠个人的努力摆脱的，这时必须通过专业咨询来管理压力，如此才能阻止心理疾病加重。

像平常检查自己的身体健康一样，自己的心理健康状态也需要检查。要知道自己承受了多少压力、是什么事情造成的压力并不容易，因为我们的心大致是潜意识地在运作。

在毫无原因下得了抑郁症或焦虑症，或是睡不着的话，这些现象十之八九是压力太大的证据。通过简单的问卷调查测量自己的抑郁与焦虑程度，可以切实了解自己的状态，是守护心理健康的捷径。

不被他人操纵情绪使用说明

像平常照顾自己的身体健康一样，自己的心理健康状态也需要检查。请时时留意自己的身心状态。

生气，也没关系：
成年人体面生气指南

驾驭压力，你的未来需要设想

消除压力，比有没有压力更重要

压力原本是指向物体施加的外部力量的物理学专有名词，而在心理学上是指给一个人的心理、身体带来变化的外部事件。之所以外部事件会造成压力，原因不在于事件本身，而在于个人对于该事件的主观看法，因为压力通常在现实中的自我期待与欲望相冲突时出现。

为了了解压力的真面目，我们必须了解自己的欲望、期待与个性倾向等。即使是同样的事件或情况，每个人的反应也会不一样。凡事都要求完美的人或者喜欢竞争的人，通常会有很多压力；另外，自卑感严重、容易敏感的人也很容易感受到压力。

而自信的人、心态放松的人以及迟钝的人则可以轻松地承受住压力。

有没有压力并不重要，问题在于是否有消除压力的方法以及效果如何。不要想着集中压力，而是需要把它们分门别类。换句话说，不要想着最近压力好大、好累，就让压力一个个粘在一起，越堆越大，我们必须要思考的是——怎么努力让来自各方的压力减少。

通过运动、旅行等活动可以消除压力。如果你习惯于从人际关系中获得安慰，那么与人聊天也是很好的方法。见见兴趣相同的朋友们，可以补充缺乏的能量。为了让自己的心情得到放松，我们需要寻找适合自己的解压以及释放情绪的方法。

● 不被他人操纵情绪使用说明

心理的伤不能完全托付给时间，尽管找出伤口且治愈它并不容易，但也因此我们更需要时刻关心自身的状态。每天关心自己"今天过得还好吗？"，也是对自己负责的一种表现。

生气，也没关系：
成年人体面生气指南

运动比药物治疗更有效

人类的身体原本就被设计成可以适应整天不停地活动，但是我们现在的生活是这样的：坐车，然后整天坐在电脑前，再次坐车回家。在人类的历史上，将身体活动减少到这种程度尚属首次。如果身体不多活动的话，肌肉就会紧绷，压力便会累积在体内。运动有益于精神健康是没有异议的事实。以消除压力的目的来说，每天只要散步 30 分钟，就有很大的效果。

当我们运动时，可以减少压力荷尔蒙皮质醇和肾上腺素的分泌，也会促进大脑分泌天然麻药"内啡肽"，可以缓解身体的紧张感，增加活力和自信心。

曾有实验证实，**运动有和抑郁症治疗剂相似的效果**。在这个实验中，研究人员将 200 多名抑郁症患者分为三组：第一组受测者执行运动计划；第二组受测者服用抑郁症治疗剂；第三组则同时进行运动计划和服用抑郁症治疗剂。四个月后，同时运动和服用抑郁症治疗剂的这一组受测者的抑郁症好转程度最高。

这个实验更令人印象深刻的是，只进行运动计划和只接受药物治疗的两组受测者的好转程度大致相同。当十个月后对这些受测者再次进行效果测量发现，只进行运动计划的那组受测者的抑郁症复发率比只服用抑郁症治疗剂的那组低，这明显地证实，运动有益于缓解压力。

● 不被他人操纵情绪使用说明

　　当我们运动时，可以减少压力荷尔蒙皮质醇和肾上腺素的分泌，也会促进大脑分泌天然麻药"内啡肽"，可以缓解身体的紧张感，增加活力和自信心。

理清情绪，建立优质社交圈

　　当我们跟喜欢的人见面、尽情地聊天，心情就会豁然开朗。这是因为人类是社会动物，与人相处、分享想法可以确认自我的存在感。当被他人认同的渴望被满足时，我们就会感到幸福。只要周围有值得依赖的人，我们便能更好地排除压力。

　　美国杨百翰大学的研究团队曾追踪并记录了 3 万人的生活资料进行分析，结果显示：**比起建立了令人满意的人际关系的人，没有建立良好人际关系的人提前死亡的概率要高出 50%**。这比因为肥胖或运动不足等因素而提前死亡的概率还要高，并且和每天抽 15 根烟的人的提前死亡的概率相似。由此可知，良好的人际关系在生活中有多么重要。

如果身边有愿意倾听我们说话又能提供建议的朋友，我们就能更好地处理压力和危机。这是因为当与对方产生感情纽带时，我们会分泌催产素，这种被称为"纽带荷尔蒙"或"爱情荷尔蒙"的物质素不仅能增强人与人之间的联结感，还能保护我们免受压力的影响。

尽管人际关系并非牢不可破，但只要我们好好地珍惜身边重要的人，那么这种人与人之间的相互作用不仅能成为压力的缓冲剂，也能提高我们的幸福感。

你不生气，人生的主宰就是你自己

原食物更能使心情平稳

我们的心情会依摄取的食物而有所不同，这是因为食物会影响大脑分泌荷尔蒙，比如血清素、多巴胺等可以调节心情的荷尔蒙。

巧克力或是冰淇淋等甜食容易使人心情变好，这是因为碳水化合物会向大脑发送信号，促使大脑分泌让心情变好的血清素。面粉和糖等原材料经过加工后会成为较小的分子，方便人体消化与吸收，因此，吃加工食品，肚子也会饿得快。相应地，当我们吃下加工的甜食后，我们的情绪会像坐云霄飞车般急剧上升又马上下降，这是因为加工食品会让大脑立刻分泌出血清素，又立刻消失。

相较之下，没有经过加工的糙米或全麦则消化和吸收得比较缓慢。然而，这些食品会让大脑慢慢地、持续地分泌血清素。与情绪偶尔出现波动相比，情绪保持平稳时承受的压力更小。因此，**糙米、全麦、水果等食物比小颗粒巧克力、冰淇淋等加工食品更有利于缓解压力。**

摄取优质蛋白质也很重要。蛋白质被消化酶分解成氨基酸，并吸收到体内。这些氨基酸中有一种叫"酪氨酸"（tyrosine），是大脑分泌多巴胺的重要原料，而多巴胺不仅可以让心情变好，还能激发人的欲望。如果一个人缺乏多巴胺，抗压性会变弱，严重时还可能罹患抑郁症。因此，我们可以通过吃瘦肉和鱼类等摄取蛋白质，这样不仅能让身体健康，同时也可以让精神保持健康的状态。

● 不被他人操纵情绪使用说明

我们的心情会依摄取的食物而有所不同，摄取好的碳水化合物与优质蛋白质对我们的身体影响很大。相较加工食品，糙米、全麦、水果等原食物更有利于帮助身体缓解压力。

睡眠质量良好，有利于更新身体机能

睡眠不足会使人产生严重的压力，相对地，如果压力太大，也会影响我们的睡眠质量，使人无法正常入睡。最早的睡眠实验应该追溯到 1894 年俄罗斯女科学家玛丽亚·玛纳西娜（Maria Manaseina）的研究：如果让狗一直不睡觉，会发生什么事情？她让 4 只狗一直保持清醒状态，借以观察不睡觉对动物的影响。就这样，在 96 个小时之后，第一只狗死亡了；接着在 143 个小时后，最后一只狗也宣告没有生命迹象。当她第二次使用 6 只狗进行睡眠实验时，小狗们在 5 天内全部死亡。

一年后的 1895 年，美国爱荷华大学的乔治·帕特里克（George Patrick）博士，首次对人体进行了睡眠实验。他让 3 名男子在连续 90 个小时内尽可能地保持清醒。

考虑到前一个实验中，睡眠不足的小狗在第 96 个小时开始死亡，因此这次实验特别要求受测者们于星期三早上 6 点起床，一直保持清醒，然后在星期六午夜 12 点入睡。在实验期间，受测者们白天和以往一样工作，晚上则玩游戏和散步。实验的第二天晚上，便有人出现了幻觉——一位男性开始抱怨说地上覆盖着黏稠物，让他难以走动。渐渐地，随着不睡觉的时间越长，受测者们的注意力与思考能力也越来越差。在实验的最后阶段，研究人员对迷迷糊糊的受测者采用电击，以刺激他们清醒过来。可是，尽管电击器的电压已升到人体能承受的最高等级，却还是不足以让受测者清醒。

身体健康的男性，如果连续 24 个小时不睡觉，压力荷尔蒙就会增加，注意力与记忆力水平会明显下降。韩国成均馆大学医学院的洪承奉教授团队，针对 5 名 20 岁左右的健康男性进行了 24 小时不睡觉的人体实验。实验结果显示，受测者的压力荷尔蒙——皮质醇的浓度大幅上升，注意力和记忆力水平明显下降。在认知功能检查中，受测者解决难题的能力明显下降，随着题目难度的升高，受测者的答题错误率比正常睡眠时高出 62％。由此可见，仅仅一天没睡觉，大脑承受的压力就如此之大。

当我们睡着的时候，大脑会一边休息，一边活跃地运作，此时是眼珠快速移动的快速眼动睡眠期（REM sleep）。在这一阶段，我们会做梦，大脑在此时整理白天接收的各种刺激和信息，并将需要的信息储存成记忆。所以，当我们好好睡过一觉后，会有头脑变清楚、记忆力变好的感觉。相反地，如果没有好好睡觉的话，脑袋里面会变得乱七八糟。**如果大脑功能不正常，我们应对压力的能力势必会下降。即使是平常我们可以应付的压力，在没有充足睡眠时，也会变得难以承受。**而且，当睡眠不足时，记忆力和判断力等认知功能都会变差，从而产生挫折感，我们也会因此感受到更大的压力。

通常来说，一般人每天的睡眠时间要保证在 6 个小时以上。但是，每个人适合的睡眠时间不一样。早上起床时，如果你觉得头脑清醒、身体轻松，那么代表你有充足的睡眠。当然，也有人即使睡眠充足，却还是无法缓解疲劳。有不少人以为酒精可以帮助入睡，但事实上酒精会妨碍睡眠，使人的睡眠变浅。因此，前一天晚上喝了酒，很早上床睡觉，到了第二天还是很疲惫。

想要预防失眠的话，最重要的是保持固定的起床时间。我们的身体有生理时钟，维持其平衡是很重要的。偶尔失眠会让人产生对睡眠的渴望，可是，我们对睡眠越是渴望，就越会因为紧张而睡不着。只有当我们抛弃对睡眠的渴望时，才能减少压力而熟睡。

生气，也没关系：
成年人体面生气指南

用自己的光，照亮前进的路

无论何时都会出现我们无法预测的情况，如果想要随时做好准备的话，就必须做好时间管理。如果人生可以做出一些预测，事先做好管理，就可以减轻压力。

首先，最重要的是将必须做的事情排好先后顺序。很少有人能在一天内做完所有计划中的事，如果完成了必须要做的事情之中最为重要的那一项，压力就会小一点。即使因时间不够而无法处理其他不那么重要的事情，其影响也微乎其微。所以，我们必须把每天必做的事情和不处理也不会有问题的事情区分开来。每天早上写下必须要做的事项清单，将最重要的事情写在第一位，然后再依照先后顺序把其他事项也写下来。

持续写下每天的必做事项清单，不但能防止不合理的计划出现，而且能帮助我们预测一整天的行程，从而将压力降到最低。

在人生中，也需要排好目标的先后顺序，定好优先级。请你先在白纸的左边写下一生中的必做事项，然后在右边写下想做的事情。如果左边事项是理性的内容，那么右边事项就是自己情感上想要的"人生目标清单"（Bucket List）。

试着仔细地将这些事项分出轻重缓急。人们总是说服自己明天会比今天更好，梦想着未来的幸福，可是**我们能保障的只有现在而已。如果无法享受现在这个瞬间，那么我们对未来的幸福就会失去信心。**

幸福并不是一定要具备某种条件才会找上门来，而是从生活中积极挖掘出来的。正因为如此，比起未来的必做事项，现在想做的事情要优先完成。

如果一个人能够这样定下人生中的优先级，心中的矛盾就会消失。无论什么事情，只要按照优先级行动并做出决定就可以。减少会后悔的事情，让压力消失，才能迎来更丰富的人生。

不被他人操纵情绪使用说明

　　幸福并不是一定要具备某种条件才会找上门来，而是从生活中积极挖掘出来的。正因为如此，比起未来的必做事项，现在想做的事情要优先完成。

"瞬间暴怒"指数自我检测

1	虽然不会每件事都很愤怒，但是生气时会很小心翼翼。
2	如果觉得别人做了对不起我的事，我会很难消气。
3	排队或等人时，很难忍住不耐烦的情绪。
4	经常因为一点小事就勃然大怒。
5	经常因为与另一半、家人等亲近的人相处太激动而吵起来。
6	有时候因为忘不了白天生气的事而睡不着。
7	会一直后悔当初内心很气愤，却不让对方知道。
8	要原谅对不起我的人非常困难。
9	对于无法控制愤怒的自己感到很生气。
10	看到有人不按照规定方式去做的时候，我会非常烦躁。
11	被愤怒笼罩时，我会有肠胃痛、头痛、头晕等感觉。
12	经常从信任的人身上感受到挫败、愤怒或背叛。
13	事情不顺利时，我会变得很忧郁。
14	我很容易陷入严重的挫折中，无法站起来。

生气，也没关系：
成年人体面生气指南

15	我曾经生气到记不起自己做过的事或说过的话。
16	和别人吵架后，我会很讨厌自己。
17	我曾因为性急、容易兴奋的个性而影响做事。
18	我经常在气消后后悔自己说过的话。
19	有人很怕我易怒的个性。
20	我生气或受挫时会通过暴饮暴食、喝酒来疏解。
21	有人伤害我的话，我想要报复。
22	有时太生气会打东西或摔东西，或是曾有过暴力行为。
23	有时会愤怒到想杀了对方。
24	有时会因为太伤心、太寂寞而想要自杀。
25	我一愤怒就无法控制自己，因为这样曾造成很多问题，所以想要学习控制愤怒的方法。

自我检测评估

· 1 到 21 的句子中，有 10 个以上"是"，或是 22~25 的句子中，只要有 1 项符合的话，就可能有暴怒症。

· 1 到 21 的句子中，有 5~9 个"是"的话，控制愤怒的能力属于正常。

· 1 到 21 的句子中，有 4 个以下"是"的话，属于很会控制愤怒。

资料出处

· 자료출처，Of Course You're Angry:A Guide to Dealing with the Emotions of Substance Abuse（Gayle Rosellini and Mark Worden,1997,Hazelden Foundation）

图书在版编目（CIP）数据

生气，也没关系 /（韩）李忠宪著；宋佩芬译 . ——
沈阳：万卷出版公司，2020.9
ISBN 978-7-5470-5411-6

Ⅰ.①生… Ⅱ.①李… ②宋… Ⅲ.①情绪 – 自我控
制 – 通俗读物 Ⅳ.① B842.6-49

中国版本图书馆 CIP 数据核字（2020）第 162445 号

出版发行：北方联合出版传媒（集团）股份有限公司
　　　　　万卷出版公司
　　　　　（地址：沈阳市和平区十一纬路 25 号　邮编：110003）
印 刷 者：天津中印联印务有限公司
经 销 者：全国新华书店
幅面尺寸：145mm×210mm
字　　数：110 千字
印　　张：7.25
出版时间：2020 年 9 月第 1 版
印刷时间：2020 年 9 月第 1 次印刷
责任编辑：赵新楠
责任校对：张希茹
装帧设计：紫图图书 ZITO®
ISBN 978-7-5470-5411-6
定　　价：49.90 元
联系电话：024-23284090
传　　真：024-23284448